国家自然科学基金面上项目

"脱贫山区生计效率的多尺度评估与干预机制研究"（编号：42171281）

新时代法学教育与法学理论文库

农村社会组织助力稳定脱贫

以陕南与河西为例

Rural Social Organizations Contribute to Sustainable Poverty Alleviation

A Case Study of Shaannan and Hexi Region

尚海洋 著

社会科学文献出版社
SOCIAL SCIENCES ACADEMIC PRESS (CHINA)

摘　要

　　2020年，我国脱贫攻坚战取得了全面胜利，绝对贫困问题的历史性解决成为我们党和国家的重大成就。然而，贫困问题的复杂性和系统性意味着相对贫困仍然是当前我们面临的一个挑战，特别是脱贫脆弱山区，由于地形复杂，自然条件相对恶劣，脱贫农户一旦遭受市场波动、突发状况等影响，可能再次陷入返贫危机中，不利于农村地区的稳定和谐发展。所以，采取相应的对策措施规避风险可以促进脱贫农户生计可持续发展。目前，我国正处于推动巩固拓展脱贫攻坚成果同乡村振兴有效衔接的战略背景下，党的二十大报告指出全面建设社会主义现代化国家必须巩固拓展脱贫攻坚成果，全面推进乡村振兴，并最终实现全体人民共同富裕。如何做好脱贫山区农户稳定脱贫与发展，是我们接下来需切实关注的实际问题。农村社会组织以其自身独特优势在我国扶贫开发工作推进中扮演了重要的角色，在农村大规模开发式扶贫、整村推进扶贫、精准扶贫等不同时期的扶贫实践中均有所体现。在推动巩固拓展脱贫攻坚成果同乡村振兴有效衔接的过渡期内，作为农村扶贫体系的重要多元主体之一，农村社会组织在健全防止返贫动态监测和帮扶机制、及时发现和帮扶易返贫致贫人口、提升脱贫农户生计能力和优化返贫风险应对策略方面，具有不可忽视的作用和影响。特别是对于脱贫山区大多数的个体农户来讲，协会、协作会、互助会等类似的自发性社会组织，因其结构较松散、规制不严格、功能较单一等特点而有别于政府或政府主导的组织机构，其在返贫致贫风险防范、巩固脱贫攻坚成果、衔接乡村振兴战略的有效路径开发、丰富和推动可持续生计理论与实践在典型脱贫县和乡村振兴重点帮扶县的应用与示范等中作用突出。

本书首先研究陕南生态脆弱区与河西祁连山生态脆弱区两部分农户的生计状况，分别测度县域农户的生计资本、生计风险，了解两部分地区农户参与社会组织情况，分析社会组织在赋能农户生计与抵御风险方面的作用；其次对两个不同脆弱区农户的生计状况与风险进行对比，分析社会组织在不同脆弱区抵御农户生计风险与增进农户资本之间的差异；最后提出增强社会组织影响力的策略。研究结果如下。

陕南地区农户不同类型生计资本、不同县（区）农户生计资本间均存在显著差异。生计资本类型方面，农户社会资本最丰富，物质资本最匮乏；在不同县（区）表现为汉台区农户生计资本最多，商州区农户生计资本最少，南郑区农户的金融资本和人力资本相对较多，其自然资本相对较少，城固县农户的物质资本明显高于其他资本，而社会资本最少，其余资本均处于中间状态。不仅如此，生计风险方面也有类似发现。特点表现为环境风险是农户面临的最高生计风险，而社会风险相对较小。通过地区之间风险比较来看，城固县农户的生计风险最高，而紫阳县农户生计风险最小，汉台区金融风险、信息风险较大，健康风险最小，其余生计风险在各县（区）非常相近。

河西地区农户生计资本与生计风险表现的特点如下。生计资本方面，农户社会资本最大，物质资本最小，其余生计资本类型由大到小的顺序依次是金融资本、人力资本、自然资本；地区方面，甘州区农户生计资本最大，凉州区农户生计资本最小，民乐县与古浪县农户生计资本值相近；不同县（区）农户在不同资本类型方面差异显著。例如，古浪县与凉州区农户人力资本明显大于其他县（区），尤其是肃南裕固族自治县，古浪县与肃南裕固族自治县农户物质资本较大，民乐县农户物质资本最小。生计风险方面，健康风险是河西农户面临的最严重的风险，其次是环境风险与信息风险，最小为社会风险；风险总体在不同县（区）之间表现为民乐县农户在所调查地区生计风险最高，甘州区与肃南裕固族自治县农户生计风险最小且相近，凉州区与古浪县农户生计风险居于中间值；不同风险在各县（区）之间表现差异最大的是金融风险与健康风险，差异最小的是社会风险。

社会组织与农户生计资本、生计风险、生计风险应对策略选择之间存在密切联系，这种联系也存在地区上的差异。在陕南地区，农户加入社会组织，加入服务类、互益类、慈善类社会组织都显著提升了其资本积累，如加入服务类社会组织会增加农户的社会资本，加入互益类社会组织对农户的人力资本、物质资本、金融资本等产生显著影响，加入慈善类社会组织对农户人力资本、社会资本等产生显著影响。加入社会组织会在一定程度上减轻农户的生计风险，主要表现在降低其社会风险、信息风险、环境风险。在河西地区，农户加入社会组织、加入不同类型社会组织对其人力资本、物质资本、金融资本、自然资本均存在显著影响。例如，加入互益类社会组织显著影响其人力资本与物质资本，加入服务类社会组织显著影响自然资本等。加入社会组织在降低农户生计风险方面具有重要作用，加入互益类社会组织对农户信息风险与社会风险具有显著负向影响；农户生计资本对降低其风险具有重要作用，在金融风险方面表现尤为明显。此外，农户加入社会组织影响因素分析结果表明，农户对社会组织信任程度、社会组织任务划分情况、社会组织经营情况及农户所属地区已经成为调查区农户是否加入农村社会组织的重要影响因素。同时，调查区农户对农村社会组织的信任程度对农户是否加入农村社会组织的影响最大，其次任务划分明确、有经营来源对加入社会组织有显著影响，且这些因素对加入不同类型的社会组织影响不同。

农户面对隐藏或者明显的生计风险，通常采取相关生计策略来应对。无论是陕南地区还是河西地区，从生计风险应对策略选择影响因素来看，社会组织与农户生计风险均对其产生影响。在陕南地区，健康风险、信息风险与社会风险显著影响其生计策略选择：社会风险越大，农户越倾向于选择出售农产品、动用存款、外出打工等策略，信息风险越大，农户热衷于向社会组织求助策略，健康风险对不同策略选择的影响各有不同。社会组织状况对农户低价出售农产品与向社会组织求助的影响明显，其次是动用存款与外出打工。影响农户加入社会组织的因素会间接影响农户生计资本与风险。在河西地区，是否加入社会组织、是否加入服务类社会组织、社会组织状况，以及农户面临的环境风险与社会风险是农户选择向社会组织求助或者出售农产品的决定因素。当农户加入社会组织、加入服务类社会组织且社会组织任务划分明确时，农户更愿意在面临风险时向社会组织求助，但是当农户面临严重的环境风险与社会风险时农户更愿意使用低价出售农产品或其他的生计策略。

社会组织促进社会凝聚力，赋予当地居民更多权利，并增强了他们参与决策过程的能力。为更好地巩固拓展脱贫攻坚成果、全面推进乡村振兴，可以通过健全现代社会组织信息公开机制、健全组织运营人才机制、加快信息化建设、构建党领导下的依法治理机制等方面路径与措施，更好地发挥农村社会组织提升农户生计资本、抵御生计风险、遏制返贫的作用，有效防范区域规模性返贫现象的发生。

C目 录
ONTENT

第一章 社会组织与农村社会组织的发展

第一节　社会组织发展状况

一　概念界定

2006 年，中共十六届六中全会通过的《中共中央关于构建社会主义和谐社会若干重大问题的决定》正式提出了社会组织这一概念，但是对社会组织的理解在学术界还没有达成共识。对于这一概念的内涵，学术界有不同的看法。

总的来看，所有相对独立于政府和企业，由共同目标组成的社会群体和共同体都可以被称为社会组织。社会组织包含的内容十分广泛，具体来看，社会组织包括在政府民政部门登记的社会团体、民办非企业组织和慈善类基金会三类，其中包括各类"组织""协会""商会""俱乐部""团体""联盟""社团"等会员制组织，以及社会层面的服务组织、民办学校、福利组织、慈善类基金会等非会员制组织①。

2004 年，我国在《民间非营利组织会计制度》中规定，民间非营利组织应当同时具备以下三方面特征："（一）为公益目的或者其他非营利目的成立；（二）资源提供者向该组织投入资源不取得经济回报；（三）资源提供者对该组

---

① 李峰. 由分散到整体：中国社会组织治理模式改革研究 [D]. 吉林大学，2022.DOI：10.27162/d.cnki.gjlin.2022.007078.

织的财产不保留或享有任何财产权利。"因此，王名和王春婷认为社会组织可以被理解为相对独立于政府和市场，由公民自愿组成的社会层面的组织，组织通过整合和动员社会成员而参与社会服务和公共治理，并具有非营利性、非政府性、志愿公益性等特征[1]。同时，多数学者认为社会组织是独立于政党、政府和企业的民间性组织，其范围包括基金会、社会团体、民办非企业单位，内涵等同于非营利组织、非政府组织、第三部门等。虞志红认为社会组织应该是政府组织和经济组织以外的，以自愿参与、自我组织、自我服务和自主管理为基础，积极参与社会公益活动或者互助活动的一类组织。社会组织主要包括社会团体、慈善类基金会、部分事业单位、民办非企业、从事社会服务的中介组织、社区组织以及尚未在政府民政部门登记注册的其他社会组织[2]。褚庆宜和赵晓峰认为社会组织是以自愿参与、自我组织、自我管理为基础，依法建立的、相对独立于国家政府系统的、不以营利为目的的、具有正式的组织形式的一些公益类和互益类的组织，该类组织具有公益性、非政府性、非营利性、自愿性、组织协调性、正式性、非政党性和非宗教性等特点[3]。因此，衡元元认为社会组织是不包括各类营利性企业组织，独立于政府部门和市场企业单位之外，不以营利和回报为目的，提供社会服务和公共物品，并服务于公益事业的具有非政府性、非党政性、非营利性、自愿性、志愿性等特征的自发性社会团体[4]。

基于以上研究，结合社会组织的非营利性、非政府性等特征，本书认为社会组织应该是指独立于政府和企业，公众自发组织的，且不以营利为目的的服务于社会治理和公共服务的社会团体。

① 王名，王春婷.推位让治：社会组织参与社会治理路径[J].开放导报，2014（05）：7-11.DOI：10.19625/j.cnki.cn44-1338/f.2014.05.002.
② 虞志红.捐赠网络对社会组织发展的影响及其作用机制[D].浙江大学，2021.DOI：10.27461/d.cnki.gzjdx.2021.002916.
③ 褚庆宜，赵晓峰.组织场域视角下党组织引领社区治理共同体建设的实践逻辑——以苏南永联村为例[J].南京农业大学学报（社会科学版），2023，23（01）：125-134.DOI：10.19714/j.cnki.1671-7465.2023.013.
④ 衡元元.社会组织嵌入农村互助养老研究[D].吉林大学，2022.DOI：10.27162/d.cnki.2022.000702.

二　社会组织特征

社会组织是独立于政府和市场的组织，具有非营利性。同时，大部分的社会组织是由社会中的成员自发组织的，成员间的社会联系较为紧密。根据现有文献梳理，目前我国社会组织具有以下三个特征[①]。

（一）非政府性

社会组织的根本属性为非政府性，也是社会组织的第一属性。由定义可看出，与企业组织相比，政府机构与社会组织都属于社会的公共部门，这是由其公共服务的特性决定的。但是社会组织是自发的社会组织，其内涵主要区别于政府部门等国家组织，其不属于政府体系及其附属部门，而是具有非政府性质。首先，在决策机制上，不同于政府部门的决策，社会组织因其自治性，在决策时拥有更大的独立性，通常效率很高。其次，在发展机制上，社会组织存在于社会优胜劣汰的大背景下，相互之间具有竞争性。不能提供全面的社会服务、不能凝聚组织成员、不被公众认可的社会组织就面临被淘汰的风险。不同于拥有行政垄断权力的政府部门，社会组织存在很强的更替性和流动性。最后，在构成机制上，社会组织具有广泛的社会基础和群众参与性。社会组织通常由普通民众自发组成，服务于特定群体或社会公共利益，能够直接反映和回应群众的需求与关切。

（二）公益性

社会组织的公益性也称为非营利性，这是社会组织与企业营利组织最直接、最本质的区别。社会组织的主要目标是承担社会责任，其内在驱动力不是创造利润，而是志愿公益和互益的利他主义。首先，社会组织的基本宗旨是非营利性，社会组织开展的一切经营活动的利益收入都需要服务于公众，社会组织和组织成员不能从中谋取利润。其次，社会组织在组织内部决策、外部活动开展和组织监督方面都有较为严格的管理和监督机制，以避免组织从社会活动中谋取利润，同时组织的内部激励不源自组织的收益。最后，社

[①] 程琰. 协同治理下多元治理主体的组织法研究 [D]. 西南政法大学，2020.DOI：10.27422/d.cnki. gxzfu.2020.000556.

会组织实行财产保护机制，因其活动收入大部分来自社会捐赠，所以其产权不属于国家、企业或私人，而是属于公共产权。

所以相比于市场中的营利组织，社会组织具有很强的社会公益性。

（三）社会性

社会组织主要从事社会扶贫、产业发展、文化教育、就业补助等社会性工作，其服务对象是群众，因此社会组织具有较强的社会性属性。首先，与隶属于政府部门的事业单位不同，社会组织的举办主体和资金来源均来自社会。一方面，社会组织开展活动的物质资料来源主要有社会赠予和公益捐赠等，其资金来源于社会；另一方面，组织的人力资源来源于社会群体，开展活动的主体是群众，活动的服务对象也是社会群体。其次，社会组织所提供的公共服务和产品最终反馈给社会公众，具有较强的社会性和利他性，在社会建设的过程中会着重帮助社会中的边缘群体和困难群体。最后，社会组织作为社会的重要组成部分，在运作中不仅要接受组织内部监督，而且要接受公众和社会的监督。所以相较于其他组织，社会组织具有更强的社会性。

三 社会组织分类

依照民政部中国社会组织政务服务平台的分类方法，社会组织主要包括社会团体、社会服务机构及基金会三类。陕西省社会组织服务平台将社会组织分为社会团体、民办非企业单位、基金会、慈善组织四类。在理论界，学者根据不同的标准和性质，对社会组织进行二元分类、三元分类、四元分类、五元分类等。二元分类的分类依据为是否具有法人资格。具有法人资格的社会组织被称为正式组织或法定组织，这类社会组织是正式在登记机关进行登记并且具有法人代表的；不具有法人资格的社会组织被称为非正式组织或草根组织，这类组织仅在基层进行备案登记而未在民政部门进行正式登记，是由社区或农村村民自行组成的并服务于自身的社会组织。部分学者还将社会组织分为社会团体、民办非企业单位和慈善基金会三类。王名教授在研究中将社会组织分为社会群体、慈善基金会、经济社团、实体性公共服务机构和暂未正式登记或转登记的团体五类[1]。通过梳理发现,我国学者对社会组织的分类较为丰富,并不是十分严格。

2016 年印发的《关于改革社会组织管理制度 促进社会组织健康有序发展的意见》强调"以社会团体、基金会和社会服务机构为主体组成的社会组织,是我国社会主义现代化建设的重要力量"。这进一步明确指出了目前我国社会组织的组成形式主要有社会团体、基金会和各类社会服务机构,除此以外还包括社会中介组织和城乡社区自发组成的民间组织等。截至 2020 年底,在民政部正式进行注册登记的各类社会组织共有 89.4 万个,社会组织吸纳就业人口 1061.9 万人。其中,社会团体的数量为 374771 个,占总数的 41.9%;民办非企业单位数量为 510959 个,占总数的 57.2%;基金会数量为 8432 个,占总数的 0.9%。从总体分布来看,民办非企业单位依旧是我国社会组织中占比最大的组织,社会团体数量仅次于民办非企业单位,基金会的数量最少[2](见图 1-1)。

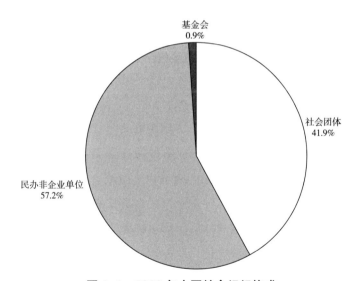

图 1-1 2020 年中国社会组织构成

资料来源:《2020 年民政事业发展统计公报》。

① 王名.中国社会组织管理体制改革:理论研究和实践发展 [J]. 第一资源,2013(06):57-67.
② 中华人民共和国年鉴(2020)[M]. 中华人民共和国年鉴社,2021:420-423.DOI: 10.39163/y.cnki.yfggh.2022.000210.

本书总结整理后将社会组织分为五类，其中官方社会组织包括社会团体、基金会、社会服务机构三类，民间社会组织为社会中介组织、城乡社会组织两类（见图 1-2）。

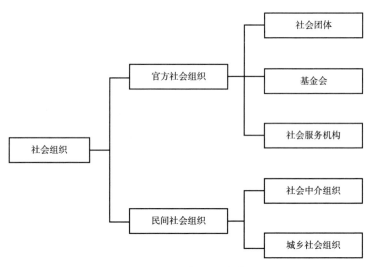

图 1-2　社会组织分类

（一）社会团体

社会团体是公民自愿组织，旨在实现成员共同目标和诉求的团体。独立于国家部门、武装力量、政党和企事业单位的社会团体是当代中国社会治理中的主要组成部分。社会团体一般由 20 人以上组成，其中包括团体会员、单位会员和个人会员等，团体具有独立承担民事责任的能力，并依法按照组织规章制度开展相应的活动，部分社会团体也称为非营利性社会组织。全国性社会团体应在民政部进行合法登记；地方性社会团体应在当地民政局进行登记；跨区域的社会团体在上一级民政部门进行登记。全国性社会团体活动资金在 10 万元及以上；地方性社会团体活动资金在 3 万元及以上。其他规模较小的地方性组织或未登记的社会团体活动资金没有明确要求和规定，大部分资金来源于组织成员自筹或向社会募捐。《社会团体登记管理条例》指出，社会团体是社会公众为实现成员共同意愿而组成的，按照组织规章制度开展社会活动的非营利性社会组织，并且强调下列三类团体不属于条例规定的社会团体范畴：参加中国人民政治协商会议的人民团体；由国务院机构编制管理机关核定，并经国务院批准免于登记的团体；机关、团体和企业事业单位内部经本单位批准成立、在本单位内部活动的团体。

（二）基金会

基金会是诞生于现代的非营利组织，基金会是产生于慈善信托基础上的社会组织，其本质是社会非营利组织。基金会的最早定义来源于美国基金会中心，是指非政府的、非营利的、有资金来源并自设董事会进行管理规划的社会组织。基金会创办的最初目的是援助社会弱势群体，提供教育、慈善等公益互动，为公众提供公共福利和经济赞助。在《基金会管理条例》中，将基金会定义为"利用自然人、法人或者其他组织捐赠的财产，以从事公益事业为目的，按照本条例的规定成立的非营利性法人"。基金会需要在政府部门进行合理登记后才可从事慈善活动。同时，随着慈善事业的不断发展，目前相关基金会已涉及社会慈善的多个方面，例如关注教育的青少年发展基金会、提供社会服务的爱心慈善基金会、红十字委员会等。基金会的资金来源分为公开募捐和非公开募捐。公开募捐的基金会资金来源于公众的自愿性赠予，不同于政府财政的强制性和市场经济体制下的交易性，是公众的志愿行为。非公开募捐即私募基金会的资金不能通过公开募捐，只能来源于特定机构或私人。

（三）社会服务机构

社会服务机构是在政府的支持下由社会团体或个人组建的，为社会公众提供社会服务的非营利性组织。随着市场经济和社会体制的不断完善，我国社会服务机构迅速发展，在教育、文化、经济、服务、社会福利等多方面多领域都提供了社会服务，在稳定社会秩序、缓解社会矛盾、提供公共服务等方面都发挥了重要的作用，现已成为社会建设不可或缺的重要力量。

社会服务机构是一个发展的概念，是对"民办非企业单位"称呼的更正。《民政部关于〈民办非企业单位登记管理暂行条例（修订草案征求意见稿）〉

公开征求意见的通知》指出："为贯彻落实慈善法，适应民办非企业单位发展实际，按照国务院和民政部 2016 年立法计划，民政部在总结实践经验、深入调查研究、广泛征求意见、反复研究论证的基础上，对《民办非企业单位登记管理暂行条例》进行了修订。为了更准确地反映社会服务机构的定位和属性、与《中华人民共和国慈善法》的表述相衔接，此次修订将'民办非企业单位'名称改为'社会服务机构'，将现行《民办非企业单位登记管理暂行条例》名称改为《社会服务机构登记管理条例》，形成了《社会服务机构登记管理条例》（《民办非企业单位登记管理暂行条例》修订草案征求意见稿）。"相较"民办非企业单位"，"社会服务机构"更加体现出了这类社会组织的公共服务性，也与传统的"民办非企业单位"中涉及的经济类、文化类社会组织区分开来，这一名称表述也更加全面规范。

（四）社会中介组织

目前，尚未有党和政府的文件对社会中介组织进行明确定义，但是一些学者给出了大致相同的定义。例如，朱光磊等在《中国政府发展研究报告》中对社会中介组织的定义进行了阐述：在市场经济发展的大背景下，社会中介组织是指在政府的集中管理下，遵循一定的法律条文，遵循公平、公正和公益性原则，凭借其自身的社会服务、中介沟通等功能，在政府与组织之间、经济主体与组织之间传递信息，协调双方利益，协调社会资源和服务的社会组织①。李应博在《中国社会中介组织研究》中认为社会中介组织是在政府、市场、社会三者之间起到联系、沟通作用的枢纽组织，承担特定的社会服务、组织协调、联系沟通等功能，接受政府部门和公众的监督与管理②。通过对学者们关于社会中介组织研究的梳理可以发现，社会中介组织是介于政府、企业、社会之间的，起到中介沟通作用，并提供政治、经济、社会、文化、教育等方面服务，协调各项事宜的社会组织。

（五）城乡社会组织

城乡社会组织起源于城乡区域发展的大背景。广义的社区组织是城乡区

① 朱光磊，王雪丽，宋林霖.中国政府发展研究报告 [M].中国人民大学出版社，2017：393.
② 李应博.中国社会中介组织研究 [M].中国人民大学出版社，2018：209.

域内形成的社会组织的统称，具体是指通过组织向社区居民、农村村民和其他成员开展工作，从而满足其民生需要、发展需求的社会组织。狭义的社区组织则是指由社区及其居民组建的以满足居民生活需求和增进社区公共利益为目的的社区组织。目前，我国的城乡社会组织主要有市场经济类、公益慈善类、社区服务类三种[①]。市场经济类社会组织是指城乡区域内的经济类行业协会、工商团体和部分科技协会等具有社会企业特质的社会组织，这类组织是城乡社会组织中占比较大的组织。公益慈善类社会组织主要是指不以营利为目的的爱心协会、服务组织等[②]，这是目前发展速度较为快速的一类。社区服务类社会组织是指发源于城乡边缘地带的社区类组织，主要功能有联系城市与农村、促进城乡融合等。

四　社会组织作用

社会组织作为社会治理多元主体之一凝聚了公众的诉求，在调解社会矛盾、提供公共产品和社会服务、创造就业机会、保护弱势群体等方面都发挥了不可替代的作用，俨然成为当代社会治理的重要参与者。其发挥的主要作用有以下两个方面：

（一）弥补政府失灵和市场失灵

政府在公共物品配置和提供社会服务方面难免存在分配不均的现象。市场体制的不断发展导致农村人力资源和物质资源不断向城市流动，造成了城乡之间资源分配不均等问题。随着农村"空心化"和"原子化"现象的加剧，传统城乡边缘衔接处的社会联系逐渐弱化，导致了一系列社会矛盾的产生。社会组织成为解决当代社会问题的重要创新机制，社会组织可以较好地弥补政府部门和市场经济的失灵，推动社会持续、稳定、健康发展。

首先，社会组织可以有效地承接政府职能。传统的治理模式下，政府部门单一治理的成本过高，且监管和治理体制的不健全会导致社会治理存在失

　邵秋虎.社会组织参与居家养老服务的协同度评价、优化及提升研究[D].东南大学，2021.DOI：10.27014/d.cnki.gdnau.2021.000296.

②　熊艳兵.我国当代乡村社会组织发展研究[D].中共中央党校，2020.DOI：10.27479/d.cnki.gzgcd.2020.000026.

控的风险，不利于我国利益多元化格局的建设。社会组织作为多元治理主体之一，承接了政府部分职能，缓解和减轻了政府治理压力和成本，在公共物品和社会服务方面都存在较大优势。因此，政府部门可以积极鼓励社会组织参与社会治理，推动治理新格局发展，动员整合社会组织，共同提供更为精准、更加全面的服务。

其次，社会组织可以为公众提供沟通平台，促进公众与政府的有效沟通。在传统的治理格局中，政府直面群众，缺少联系二者的平台，公众反映合理诉求和参与社会治理的途径较少。社会组织因其非政府性、自愿性的特征，为公众搭建了反映诉求的平台。一方面，社会组织丰富了公众参与社理的方式，促进了社会治理格局的多元化发展；另一方面，社会组织可以及时将政府部门的政策和方针有效地传递给群众。在此基础上，社会组织的参与不仅可以有效促进政府部门和公众之间的沟通和交流，还有效地推动了社会建设的稳定发展。

最后，社会组织可以有效地配置社会资源。传统的政府治理下，公益价值难以得到真正的体现。以追求利益为目标的市场在提供公益产品时有所欠缺，因而社会的整体公益物品消费程度较低。作为弥补政府和市场失灵的社会组织进入了公众的视野。基于人道主义，社会组织的主要特征在于其社会公益性和利他主义，以慈善、募捐和提供志愿者服务等形式将社会资源提供给社会弱势群体，给予其具体、实际的帮助，推进了社会的公正。不同于市场的竞争性资源配置，社会组织发展的资金来源主要依靠社会捐赠和成员会费，通过慈善类、公益类组织收集整合资源，同时再反馈给社会。通过有效地整合和配置资源，社会组织向公众传达了自身的服务观念，得到公众的认可后会吸纳更多的群众加入和社会捐赠，进而开展更大规模的公益活动。现如今的社会组织不仅活动于经济层面，在社会治理、公共资源配置和公益服务等方面也都发挥了重要的作用，成为"服务性"政府职能的重要参与者和承担者，进一步促进了社会的稳定发展和进步[①]。

---

① 华中师范大学，中国国际扶贫中心．中国反贫困发展报告（2014）[M]．华中科技大学出版社，2014：231.

（二）促进社会和谐稳定

社会组织有效地提供社会服务、改善医疗资源配置、提高教育水平和促进城乡就业，为社会发展提供了基础的推动作用，缓解了社会矛盾，促进了社会和谐、稳定发展。社会组织作为"政府—市场—社会"三元格局中的中介和桥梁，为社会公众提供了利益表达平台。在发生社会冲突时，社会组织因其服务性和非政府性可以提供稳定和可信任的调节机制，化解不同程度的利益矛盾和冲突，从而保证社会的稳定发展和持续建设。

首先，社会组织可以有效缓解社会矛盾。社会组织代表公共的合理诉求、合法权益进行需求协商，还整合人力、物力、财力资源对社会弱势边缘群体给予物质的救助和精神的帮扶，为公众提供了基础保障，减少了社会不稳定因素。随着城镇化的发展，农村大量青年劳动力流向城市，导致了农村"空心化"和"原子化"现象频发，农村留守儿童、老人和妇女的数量大大增加。一方面，农村劳动力流失会导致农村发展的动力不足，不利于农村经济发展；另一方面，农村社会问题频发，村民之间关系疏远，不利于和谐乡村建设。在此背景下，社会组织的出现缓解了部分农村发展压力。例如，从老人的需求出发组建的老年协会、养老协会等，缓解了独居老人物质上和精神上的困难。服务于留守儿童的社会组织为农村儿童提供了教育的机会，为构建农村服务体系贡献了很大力量。同时，伴随农村男性劳动力的外流，农村留守妇女成为乡村建设和经济发展的主要推动力，是实施乡村振兴战略的重要推动者。然而，在传统的家庭观念和文化制度的制约下，留守妇女在经济建设、社会生活和文化发展的过程中存在力不从心的现象。妇女协会、妇女维权组织等妇女社会组织将分散的妇女力量聚集起来，破除了妇女参与农村经济发展等方面的制约因素，推动了妇女在乡村振兴中发挥重要作用，也维护和实现了留守妇女的根本权益和基本保障。

其次，社会组织有利于丰富人民生活。随着社会经济的不断发展，人民对于精神文化的需求日益多元化，但是参与文化活动的成本较高，导致文化需求和文化供给不匹配。社会组织的出现降低了公众参与文化活动的成本，为文化发展提供了广阔的平台。文化类社会组织在语言、艺术、音乐、舞蹈、戏曲等多方面都积极拓展。群众根据自身爱好自愿地、灵活地加入社会组织中，创造性地从事多元化的文化组织活动，不仅可以满足群众对各类文化的多元化需求，而且有助于丰富人民社会生活。部分乡村社会组织积极保护民俗文化、民族舞蹈、民间艺术、民间美术、民间音乐、民间戏曲、民间杂技、民间手工艺等各种经典艺术，将中华优秀传统文化不断传承和弘扬。社会组织在参与社会文化传承过程中形成了可持续的运行模式和发展路径，对优秀传统文化的传承和社会文化服务有重要的促进作用。

最后，社会组织可以促进人与自然的和谐发展。在经济发展的同时，我国的自然环境也遭到了一定的破坏，使得环境污染、资源衰竭、物种锐减等问题频发，不利于绿色可持续发展道路的建设。经济类、环保类社会组织的出现缓解了我国经济发展过程中的环境压力，这些社会组织通过积极参与环保政策和法律的制定、提供可持续发展路径、组织绿色发展活动、宣传环保知识等方式，提高了公众保护环境的意识，促进了我国环境保护建设，在推动人与自然和谐发展的过程中发挥着不可替代的作用。

第二节　农村社会组织发展状况

一　农村社会组织

农村社会组织是农村社会中为了实现特定目标、执行特定社会职能，并根据一定的规章、程序进行活动的稳定合作形式，其主要目的是提升农民的自治能力，推动农村民主政治发展和拓展社会权力空间[①]。目前，我国研究对农村社会组织的内涵概念尚未形成统一的观点，通过梳理发现学者对农村社会组织的界定是多视角的，具体来看有以下三方面。

---

① 何阳.农村社会组织参与乡村治理研究 [D].中共中央党校，2019.DOI：10.27479/d.cnki. gzgcd.2019.000068.

（一）主体与目的研究

农村社会组织由农民组成，以表达农民诉求、维护农民权益、实现农民自身价值为目的。在政府的推动和鼓励下，农村社会组织由农村群体自愿组建，参与主体是当地农民。在新型城镇化建设的大背景下，农民对于政治、经济、文化、治理等方面的需求是多样的，农村社会组织由此产生，以其自身的社会服务性、自治性、互助性和公益性弥补了公共服务和公共物品分配不均的不足，以满足农村日益增长的社会需求。程同顺认为，"农村社会组织是在政府的推动和支持下，由当地农民自愿形成的，以实现农民在政治、经济利益和社会保障方面的诉求"[①]。欧三任认为，"农村社会组织是以农民为组织、参与、管理主体，以实现农民在新农村建设过程中政治、经济或其他利益而建立的一般性民间组织"[②]。农村社会组织就是以当地农民为组织主体，以实现农村经济发展和社会福利分配为目标，介于政府和市场以外的农村区域性社会组织。

（二）组织特点研究

关于农村社会组织特点的研究主要从组织的非公益性特点出发，认为农村社会组织有别于政府部门和市场企业，具有非政府性、民间性、非营利性、自治性等特点。例如，钟宜认为，"农村社会组织作为多元治理主体之一，在农村事务治理中占据着重要的位置，农村社会组织因其非政府性和公益性逐渐成了维护农民权益的新维权组织"[③]。关兴认为，"农村社会组织是存在于农村区域之间，通常区别于政府与企业的非政府性民间组织，具有自治性、民间性、公益慈善性以及非营利性等显著特征"[④]。

（三）运行过程研究

对于农村社会组织的运行过程研究主要是从组织的建立管理、成员组织、

---

①　程同顺.社会主义民主政治建设的新突破——村民自治对中国政治发展的深远影响 [J]. 中共天津市委党校学报，2002（01）：56-60+64.

②　欧三任.政治安全视阈中的农村社会组织发展与规范 [J]. 甘肃理论学刊，2010（02）：34-37.

③　钟宜.我国农村社会组织发展与乡村治理方式的变革和完善 [J]. 探索，2005（06）：97-100.

④　关兴.当前我国农村社会组织的政治功能探析：治理的视角 [J]. 四川行政学院学报，2007（05）：26-28.

运行方式等方面做出相关定义。例如，侯保疆认为，"农村社会组织是农民在互助联合的基础上建立起来的，以民主管理为导向，实现和维护农民自身诉求的社会组织"①。刘义强认为，"农村社会组织参与农村社会治理，其运行过程以自治功能为导向，在组织建设和发展的过程中逐渐形成了自我组织和自我约束"②。其基本含义包括：农村社会组织是农民自愿联合的社会组织，成员可以自行决定是否退出，组织的运行是按照民主化方式进行的，组织的发展目标和重大方针是由组织相关利益者共同决定，目的是回应与维护组织成员的合理诉求和合法权益。

综合上述概念与内涵，本书认为农村社会组织是以农民为主体，旨在维护自身利益和福祉，不以营利为目的，参与社会治理和公共服务的农村组织。

二　农村社会组织特征概括

农村社会组织发源于农村，独立于村镇政府和农村市场。传统农村邻里、亲友之间联系较为紧密，这对农村社会组织产生了潜移默化的影响。较为突出的是，农村社会组织由于其自身的主体特征，成员间具有一定的血缘联系，并且大部分农村社会组织没有进行登记注册。通过梳理，发现农村社会组织具有以下特征。

（一）自愿性

自愿性是农村社会组织的显著特征，具体体现在以下三个方面。首先，加入的自愿性。农村社会组织建立于农民自愿的基础上，农民可以根据自身爱好、需求、特点加入多样化的社会组织，也可随时退出。农民加入或退出社会组织都具有自主性，根据自身意愿决定。其次，活动的自愿性。社会组织的活动准则可以概括为"自愿、互助、友好、进步"，农民是否参加组织活动或参与活动的规模程度，都不受组织的限制。农民参与组织活动较为自由，参与过程由农民自己决定。最后，管理的自愿性。农村社会组织管理成员的

---

① 侯保疆.论新农村建设中的农村社区合作组织建设 [J].岭南学刊，2008（03）：85-88.
② 刘义强.构建以社会自治功能为导向的农村社会组织机制 [J].东南学术，2009，209（01）：79-85.

产生以推选和自愿竞争为主，没有严格的条件和强制性任命。相对来说，农村社会组织的内部结构呈扁平化，流动性较大，更具有灵活性。

（二）相对独立性

社会组织产生于政府职能转变、市场经济发展和社会结构不断变化的大背景下，因而社会组织具有独立于政府、市场的特征。一般来说，我国农村社会组织拥有独立的组织和管理机制，独立的经济来源和资金支持。相对独立于村镇政府，农村社会组织不受外部控制，有独立的管理系统和运行模式，即自己管理自己的组织、自己组织自己的活动。在隶属关系上，农村社会组织以自我建设、自我服务和自我管理为发展依据，在运行过程中不隶属于任何一个乡镇部门，同时也不受政府部门的直接管理。组织的发展建设、事务处理和活动规模依靠组织管理者和组织内部成员协商决定，组织实行民主决策和民主管理[①]。

（三）成员间的血缘性

血缘性是我国农村社会关系的普遍特征，同时也存在于农村社会组织当中，农村社会组织是以血缘和宗族为主的村民生活集聚体[②]。加入农村社会组织的成员大多数由邻里、亲友介绍，因而形成了基于地缘的"关系型社会动员"。这种关系型网络构建起的具有血缘性和亲友性的农村社会组织在农村建设发展中起到重要的作用。首先，由血缘和亲友关系进入组织的成员相互之间关系较为亲密，也更容易信任组织。其次，以血缘关系维持的农村社会组织，在解决农村事务纠纷、维护邻里关系和推动农村稳定发展等方面具有一定的优势。最后，以血缘关系凝聚的农村社会组织成员往往具有相同的价值观和道德观念，在确立组织目标和方针时更容易统一意见，有相同的目标追求和发展诉求，使组织容易办成事。

（四）以未登记注册为主

按照我国目前关于社会组织管理的规范条例来看，无论是社区组织还是农村组织都需要在民政部门进行登记注册，取得运行的合法资格。按照《关

---

① 周晶.农村社会组织参与贫困治理的自主性研究 [D]. 华中师范大学，2017.

② 苏海.社会组织参与农村贫困治理中的结构调适与关系互动 [D]. 华中师范大学，2015.

于改革社会组织管理制度促进社会组织健康有序发展的意见》规定，行业协会商会类、科技类、公益慈善类和城乡社区服务类四类社会组织在民政部直接登记，其余社会组织在县级部门进行登记。但是目前除以上四类社会组织登记较为规范以外，其余农村事务类、经济产业类社会组织的登记依旧不规范、不全面。比较突出的是农村、城乡接合部新成立的、组织不规范且规模较小的社会组织注册登记率很低。农村社会组织登记率较低的主要原因在于发起人的法律意识薄弱、农村的地域边缘性问题。除此之外，还有以下其他问题。首先，当前民政部出台的政策制度主要涵盖了行业协会商会类、科技类、公益慈善类和城乡社区服务类四类，对于其他类别的社会组织暂无明确的分类，相应的社会组织登记较少[1]。其次，社会组织的监管部门在组织进行登记时需要进行责任审查工作，在组织顺利登记后还需要继续承担组织的年检和实时监督工作。随着社会组织种类和数量的迅速增长，监管部门的工作日益繁重，导致了部分部门职能缺失，从而也进一步影响了社会组织的发展和合法登记。最后，当前对于社会组织登记注册在组织管理人、相关负责人、组织流程、资金来源等方面要求较高，部分农村组织规模较小，发展不规范，很难符合当前的登记条件[2]。

三　农村社会组织分类

通过梳理发现，我国农村社会组织参与了社会的多方治理事务，在经济、政治、社会服务等方面都进行了渗透和发展。不同于传统的社会组织分类，农村社会组织类别较多，种类较杂，涉及面较广。根据对不同地区的各类农村社会组织进行归纳，总结出以下三类。

（一）政治管理类

政治管理类农村社会组织主要包括村民委员会、基层共青团组织、妇代会、调解会、计划生育协会等农村群众团体。在所有的农村社会组织中，这类农村社会组织与政府的关系最为密切，它是在政府的推动和组织下成立的。

---

① 郭彩云. 农村民间组织与乡村治理研究 [D]. 中央民族大学，2012.
② 鄢军. 中国农村组织的经济分析 [D]. 华中科技大学，2005.

村民委员会是目前我国农村最重要、最核心的社会组织。按照《村民委员会组织法》的规定，村民委员会是村民自我管理、自我教育、自我服务的基层群众性自治组织，办理本村的公共事务和公益事业，调解民间纠纷，协助维护社会治安，向人民政府反映村民的意见、要求和提出建议。在农村改革、建设和发展过程中，村民委员会肩负着凝聚团结村民群众、推动农村改革发展和维护农村社会稳定的重要职责。村团支部是共青团在农村的基层组织，它与党支部一样，是长期存在的组织。改革开放以前，村团支部在协助党支部管理全村青年、发挥青年作用方面作用很大，是村党支部的重要助手。妇代会是妇联在农村的基层组织，是党和政府联系农村妇女群众的桥梁和纽带。其主要职责是化解家庭夫妻和婆媳纠纷、保障妇女儿童权益，也包括组织"三八"妇女节纪念活动、组织农村妇女打扫村庄和其他义务劳动等。但随着农村社会的转型、生产生活方式的改变以及人们思想观念的变化，村级妇女组织建设正面临严峻的挑战，大部分村妇代会已经形同虚设，基本没有发挥其应有的职能作用。调解会是调解农村事务的组织。在农村社区，常常会发生一些看似不起眼的琐事。然而，如果这些问题不及时解决，可能带来意想不到的严重后果。为了应对这些问题，农村成立了调解会。调解会由一组人组成，其中主任由村党支部委员兼任，还有两名委员，其中一名通常是女性。调解会主要任务是在问题刚刚出现时进行调解，避免矛盾进一步升级。在农村，调解会发挥着至关重要的作用，因为它能够有效地处理小规模的矛盾纠纷，而较为复杂的矛盾纠纷则会交由乡镇治安派出所等相关部门来处理[①]。在当前加强社会治理的背景下，加强调解会的作用，调解村民内部矛盾、维护农村秩序稳定尤为重要。调解会作为一个重要机构，承担着促进社区和谐与稳定的使命。它通过调解村民之间的矛盾，促使双方达成和解，避免矛盾进一步升级，维护了农村社区的秩序与稳定。计划生育协会是依据国家有关法律成立的，协助落实计划生育基本国策、促进人口长期均衡发展与家庭和谐幸福的社会团体。

---

① 王长寿.中国农村非营利组织发展研究[D].西北农林科技大学，2003.

（二）经济互助合作类

经济互助合作类农村社会组织是在政府的引导和扶持下，农民自发成立、自我管理和自我服务的新型社会组织①，主要指各种专业性的农村合作经济组织，如农民专业协会、经济合作社等。随着家庭联产承包责任制的实行和市场化竞争的加剧，这类农村社会组织迅速发展起来，在经济、生产、经营上为农民服务，目前已成为农村数量最多、发展潜力最大的一类农村社会组织。这些经济互助合作类农村社会组织坚持以农民的利益为宗旨，秉承互助和合作的精神，充当连接农民、企业和市场的桥梁和纽带。它们为农民提供各种支持和服务，包括技术培训、市场信息传递、资源整合和农产品销售渠道拓展等。通过促进合作和协作，这些组织帮助农民提高生产效率，增加农产品的附加值，提升农民的收入水平。农民专业协会，也被称为农民专业合作经济组织或农民技术合作协会，是由农民自愿组织起来的，专门针对某种或某些产品的技术合作经济组织。这类协会为其成员提供多方面的服务，包括资金支持、技术指导、销售渠道、加工技术等方面的支持，旨在提升成员的经营能力和竞争力，从而增加其收入。

农民专业协会可以从经营领域、组织功能和组织形态等不同角度进行分类。不同类型的协会在农民的经营发展和利益保障方面发挥着重要作用，为农民提供多方面的支持和服务。首先，可以根据经营领域的不同将其分为种植、养殖、加工、运输等不同领域的协会。每种类型的协会专注于特定的农业领域，并为会员提供相关的服务和支持。其次，可以从组织功能的角度对农民专业协会进行分类，包括服务型、营销型、供应型、销售型等不同类型的协会。服务型协会主要提供技术指导、培训和咨询等服务；营销型协会致力于产品的市场营销和推广；供应型协会为会员提供生产资料和供应物资；销售型协会则负责会员产品的销售和分销。最后，还可以从组织形态的角度对农民专业协会进行分类，其中会员制是一种常见形式。会员制的协会由成员交纳会费，并围绕一种主导产品或主导产业的发展，为农民提供产前、产

---

① 张丽丽，左侠.当前我国农村民间组织在村庄治理中的作用 [J].理论观察，2009，59（05）：112-113.

中和产后的服务。在会员制协会中，会员之间形成一种比较紧密的利益关系，建立起利益联结机制，共享资源、技术和市场机会。

（三）社会服务与文化公益类

社会服务与文化公益类农村社会组织旨在满足农民的精神文化需求，提高他们的知识素质水平，并在农村文化教育、技能培训、扶贫帮困、养老医疗和环境保护等领域发挥公益作用。如农村剧院、老年协会、扶贫协会、村卫生所、爱鸟护鸟协会等，这些组织的设立旨在为农民提供全面的社会服务。随着农村社会主义精神文明建设的不断深入，社会服务与文化公益类农村社会组织对农民的精神文化生活产生了重要影响。这些组织的发展不仅有助于提高农民的知识素质和文化修养，还有效推动了新农村乡风文明的建设，促进了农村内部和谐人际关系的形成。

农村老年协会是近年来在我国城市和农村快速发展起来的一种农村社会组织。最初，老年协会是由城市的退休干部和职工建立的，后来广大农村地区也逐渐建立了农村老年协会，其主要目的是满足农村老年人的生活需求，为他们提供社交活动、文化娱乐、健康管理等方面的支持。在农村社会，老年人拥有丰富的地方文化知识和生活经验，承担着农村传统文化的传承和传播责任。由于长期接受集体主义教育，老年人具有强烈的公共观念和参与意识，并受到尊重和敬重，因此他们在农村重大事务决策中扮演着特殊而重要的角色。老年人组成的老年协会在维护村落的公共认同和传承农村传统文化方面起着关键的作用。需要特别指出的是，当前我国社会老龄化的速度明显加快，无论是在城市还是农村，老年人口占总人口比例都在增加。与此同时，年轻子女不得不外出工作，导致农村出现了相当数量的空巢老人。在这种情况下，老年协会的未来发展状况及其所能发挥的作用更加值得关注。

农村中还存在大量的留守儿童，他们是当前农村社会中占比较大的群体。针对这一群体的特殊情况和需求，农村中相应的组织和机构应运而生，致力于关注和照顾留守儿童的成长和发展，提供必要的教育、关爱和支持。首先，农村留守儿童关爱组织致力于保障农村留守儿童接受义务教育。其次，这些组织重视农村留守儿童的身心健康发展，注重他们的思想道德教育、法治教育和行为规范教育，提供特殊的关爱和情感抚慰，以弥补家庭教育的缺失，促进他们在身体、心理和品格上的健康成长和发展。最后，这些组织致力于维护农村留守儿童的合法权益，确保留守儿童的监护责任得到落实，为他们提供生活保障，确保他们的合法权益不受侵害。

另外，农村维权组织是为了保障农民的基本权益而设立的组织。这些组织致力于维护农民的合法权益，包括土地权益、劳动权益、收入权益等方面。它们通过法律途径和社会力量，为农民争取公平待遇、维护其正当权益，以确保农民的利益得到有效保障。近年来，随着城市化进程的快速推进和市场经济的发展，农民在企业改制、征地拆迁、环境污染等问题上面临合法权益和利益被侵犯的情况，这促使大量农民走上维权之路。然而，从利益实现的角度来看，个体农民进行维权往往面临高成本、高风险、低效率和低成功率的困境，同时也容易出现非理性甚至极端行为，对农民个人和社会整体都产生消极影响。与之相比，集体化和组织化的维权渠道能够更好地维护农民的利益。一方面，它能够更合理地表达农民的诉求，通过集体行动使声音更有力量；另一方面，组织化的维权渠道便于更好地与政府、企业或其他组织进行沟通和协商，以顺利达成共识和形成解决方案。集体化和组织化的维权渠道为农民提供了更加有效和可行的方式来维护自身权益，也有助于促进社会的和谐发展。通过这样的渠道，农民能够更加有力地维护自己的权益，实现利益最大化，同时也为社会各方之间的合作与协商提供了桥梁。

四 农村社会组织作用

随着经济发展和政府职能的转变，市场和政府无法涵盖所有的社会和农村事务，这也为农村社会组织介入社会发展和新农村建设提供了制度空间。目前在我国的社会生活和政治经济部门中，农村社会组织作为政府与乡村居民之间的桥梁，通过组织各类活动、提供多样化服务，有效推动了乡村的经济、文化、生态等多方面的发展。

（一）产业振兴：农村社会组织助力乡村产业发展

产业振兴是乡村振兴的基石，而农村社会组织以其独特的优势，在促进乡村产业发展、优化产业结构、提升产业竞争力等方面展现出了强大的活力。农村社会组织在产业振兴中的作用首先体现在资源整合与配置上。由于城乡公共资源发展不平衡，乡村产业发展往往面临资金不足、人才短缺等瓶颈。农村社会组织凭借其广泛的社会网络和资源动员能力，能够有效地汇聚各方资源，包括资金、技术、人才等，向乡村产业倾斜。例如，通过组织项目对接会、现场考察调研等多种形式，农村社会组织可以促成相关资源供给方与乡村产业发展需求方的精准有效对接，为乡村产业注入新的活力。农村社会组织在产业振兴中还扮演着创新推动者的角色。随着农业现代化的不断推进，乡村产业需要不断创新以适应市场需求的变化。农村社会组织可以利用其专业优势，为乡村产业提供科技培训、信息服务等支持，帮助农民掌握新技术、新品种、新模式，提高农业生产的科技含量和附加值。同时，农村社会组织还可以引导农民发展特色农业、休闲农业、乡村旅游等新兴业态，推动乡村产业向多元化、高端化发展。在产业振兴的过程中，农村社会组织还发挥着重要的桥梁纽带作用。一方面，农村社会组织可以将政府的政策导向、市场信息和先进经验传递给农民，帮助农民了解市场动态，把握发展机遇；另一方面，农村社会组织也可以将农民的诉求和期望反馈给政府，为政府制定更加符合乡村实际的政策提供参考。这种双向沟通的机制有助于形成政府、市场、社会协同推进乡村产业振兴的良好局面。此外，农村社会组织在产业振兴中还注重培育新型农业经营主体。通过组织培训、交流、合作等活动，农村社会组织可以引导农民发展专业合作社、家庭农场等新型农业经营主体，提高组织化程度和市场竞争力。

（二）人才振兴：农村社会组织促进乡村人才培养

农村社会组织在人才振兴中的作用首先体现在人才培养上。乡村地区教育资源相对匮乏，农民整体受教育程度较低，这严重制约了乡村人才的发展。农村社会组织，如社会服务机构、基金会等，可以利用自身的资源和平台优势，为农民提供多样化的培训和教育机会。以组织农业技术培训、职业技能培训、创业指导等活动，帮助农民提升生产技能、拓宽就业渠道、增强创业能力。此外，农村社会组织与高校、职业院校等教育机构合作，建立产教融合、校企合作的人才培养模式，为乡村输送更多高素质的专业人才。在人才引进方面，农村社会组织也发挥着重要作用。城乡发展不平衡，大量乡村人才流向城市，导致乡村人才短缺。农村社会组织可以通过搭建引才平台、优化引才环境等方式，吸引城市人才、高校毕业生、退役军人等返乡创业就业。农村社会组织积极宣传乡村发展的机遇和潜力，展示乡村独特的魅力和价值，激发城市人才对乡村的关注和兴趣。同时，农村社会组织还可以为返乡人才提供政策咨询、创业扶持、资金对接等服务，帮助求职者解决在乡村创业就业中遇到的困难和问题。农村社会组织在人才留用上同样发挥着关键作用。乡村地区基础设施相对落后，生活条件相对艰苦，这在一定程度上影响了人才的留用。农村社会组织可以通过改善乡村基础设施、优化公共服务、营造尊重人才的社会氛围等方式，提高乡村的宜居性和吸引力。以组织文化娱乐活动、志愿服务活动、社区建设活动等方式，丰富乡村居民的精神文化生活，增强乡村的凝聚力和向心力。

（三）文化振兴：农村社会组织丰富乡村文化生活

农村社会组织以其独特的方式和途径，为乡村文化的传承、保护和发展做出了积极贡献。首先，农村社会组织在乡村文化传承中发挥着桥梁和纽带的作用。我国历史悠久，乡村文化资源丰富，但随着现代化进程的加快，许多传统文化面临失传的风险。农村社会组织通过组织各类文化活动，如民俗表演、传统手工艺展示、非物质文化遗产传承等，不仅让乡村居民重新认识和发掘乡村文化，也吸引了外界对乡村文化的关注和兴趣。同时，农村社会组织还积极挖掘和培育乡村文化能人，通过师徒传承、技艺交流等方式，将传统文化技艺传承给下一代，确保乡村文化的生生不息。其次，农村社会组织在乡村文化创新中发挥着引领和推动作用。在传承传统文化的基础上，农村社会组织还注重文化的创新和发展。通过引入现代元素和科技手段，对传统文化进行创造性转化和创新性发展，使乡村文化焕发出新的生机和活力。例如，一些农村社会组织利用互联网和新媒体平台，将乡村文化产品推向更广阔的市场，让更多人了解和喜爱乡村文化。同时，农村社会组织还积极倡导和推动乡村文化与其他产业的融合发展，如文旅融合、农旅融合等，通过文化赋能提升乡村产业的附加值和竞争力。再次，农村社会组织在乡村文化公共服务中也发挥着重要作用。随着乡村居民文化需求的日益增长，乡村文化公共服务的质量和水平也面临更高的要求。农村社会组织通过建设文化设施、提供文化服务、组织文化活动等方式，为乡村居民提供了丰富多彩的文化生活。最后，农村社会组织在乡村文化治理中也发挥着积极作用。文化治理是乡村振兴的重要方面，而农村社会组织通过参与乡村文化治理，为乡村文化的健康、有序发展提供了有力保障。它们通过制定文化规范、引导文化风尚、调解文化纠纷等方式，维护了乡村文化的和谐稳定。同时，农村社会组织还积极倡导和推动文明乡风、良好家风、淳朴民风的建设，为乡村文化的繁荣发展营造了良好的社会氛围。

（四）生态振兴：农村社会组织助力乡村生态保护

随着乡村振兴战略的深入实施，农村社会组织在促进生态保护、推动绿色发展、提升乡村居民环保意识等方面展现出了独特的优势和价值。首先，农村社会组织在生态振兴中扮演着倡导者和推动者的角色。通过宣传环保理念、推广绿色生产方式和生活方式，引导乡村居民树立生态文明观念，增强环保意识和责任感。农村社会组织利用自身的影响力和资源，组织环保知识讲座、绿色生活体验活动等形式多样的宣传活动，将环保理念深植于乡村居民心中。这些活动不仅提高了乡村居民的环保意识，还激发了他们参与生态保护、共建美好家园的热情。其次，农村社会组织在生态振兴中还是实践者和创新者。通过实施生态保护项目、推广绿色农业技术、开展环保公益行动等实际举措，为乡村生态文明建设提供了有力支持。例如，一些农村社会组织积极参与农村环境综合整治，通过清理垃圾、治理污水、绿化美化等措施，改善了乡村生态环境。同时，部分农村社会组织还致力于推广绿色农业技术，如有机农业、生态农业等，帮助农民提高农业生产效率的同时，减少了化肥、农药等化学物质的使用，保护了土壤和水源等生态环境。再次，农村社会组织在生态振兴中发挥着监督和维权的作用。通过监督环境污染行为、开展环保公益诉讼等方式，维护乡村居民的合法权益，推动乡村生态环境的持续改善。最后，农村社会组织在生态振兴中还具有促进乡村绿色发展的潜力。随着绿色经济的兴起，农村社会组织可以引导乡村居民发展绿色产业，如乡村旅游、生态农业等，实现经济效益和生态效益的双赢。它们通过提供市场信息、技术支持、资金扶持等服务，帮助农民转变生产方式，发展绿色产业，提高收入水平，也为乡村生态文明建设注入了新的活力。

（五）组织振兴：农村社会组织强化乡村社会治理

农村社会组织在乡村社会治理中扮演至关重要的角色，不仅是连接政府与村民的桥梁，更是推动乡村社会振兴的重要力量。通过强化社会组织的功能和作用，可以有效地促进乡村社会的和谐稳定与繁荣发展。随着乡村振兴战略的深入实施，农村社会组织在乡村社会治理中的作用日益凸显。农村社会组织积极参与乡村公共事务，为村民提供多样化的服务，满足村民日益增长的美好生活需要。农村社会组织在强化乡村社会治理中的作用主要体现在以下几个方面。首先，农村社会组织服务生产生活，维护村民权益。通过提供各种生产生活服务，农村社会组织能够有效地满足农民的基本需求，并帮助他们解决在生产生活中遇到的问题。其次，农村社会组织积极参与社会治理，推动平安乡村建设。鼓励农民自发组织开展邻里互助、婚丧嫁娶、居民融入、治安防控、纠纷调解等活动。这些活动不仅有助于改善农村乡风民风，还能提高农民的凝聚力和向心力，为平安乡村建设奠定坚实基础。此外，农村社会组织还服务特殊群体，让他们感受到社会的关爱和温暖。通过支持志愿者协会、妇女联合会、农村养老协会等组织，农村社会组织为农村留守儿童、妇女、老人和其他特殊群体提供照顾帮扶服务。这些服务不仅有助于解决特殊群体的生活困难，还能提高他们的生活质量和社会归属感。最后，农村社会组织在助推经济发展和促进农村精神文明建设方面也发挥着重要作用。通过凝聚农村专业技术协会、农村扶贫资金互助社等力量，农村社会组织参与农业生产技术服务、脱贫攻坚行动，助力当地经济发展。

五　农村社会组织问题

农村社会组织在社会服务、乡村治理、经济建设等多方面都展现出了自身作为第三方治理主体的优势和功能。然而在城乡建设的大背景下，农村社会组织因其脆弱性和落后性在发展、结构、管理等方面存在非普适性问题，归纳总结有以下三点。

（一）发展内生动力匮乏

农村社会组织作为推动农村发展、促进乡村治理现代化的重要力量，其内生动力的发展状况直接关系到农村社会的活力与和谐。然而，当前农村社会组织普遍面临内生动力匮乏的问题，这一现状不仅制约了农村社会组织的健康发展，也影响了乡村振兴战略的深入实施。首先，农村社会组织在资源获取上存在困难。相较于城市社会组织，农村社会组织在资金、人才、信息等资源方面显得尤为匮乏。这主要是由于农村经济相对落后，社会资本投入不足，农村社会组织难以获得足够的支持来开展活动和提供服务。同时，农村人才流失严重，高素质人才往往选择流向城市，使得农村社会组织在人才队伍建设上举步维艰。其次，农村社会组织在组织架构和治理能力上存在不足。许多农村社会组织成立时间较短，组织架构不完善，管理制度不健全，缺乏专业的运营和管理人才。这使得农村社会组织在决策、执行、监督等方面存在诸多漏洞，难以形成有效的治理机制。此外，农村社会组织在动员社会资源、协调利益关系、提供公共服务等方面的能力也相对较弱，难以满足农村社会的多元化需求。最后，农村社会组织在创新发展上缺乏动力。由于资源有限和治理能力不足，农村社会组织往往难以开展创新性的活动，往往局限于传统的、单一的服务模式，缺乏与时俱进的创新意识和能力。这使得农村社会组织在面对农村社会的快速变化时，难以满足和适应新的需求和挑战。

（二）组织管理松散，体系不健全

农村社会组织不同于政府组织或企业组织，其组成结构呈现原子化状态，存在规模分散、制度不完善、权责划分不明晰、管理不集中等问题，在资金建设、制度规范、人员管理等方面亟待改善。首先，农村社会组织的一个比较突出的共性问题是登记较少。我国《社会团体登记管理条例》对社会组织的登记条件没有做出城乡区分，从而使农村层面的社会组织在成立登记时较难满足其所规定的要求，遇到的困难较大，所以目前部分农村社会组织没有被纳入现行的登记管理体系中，而是游离于管理体制之外。在农村，尤其是脱贫山区，人口居住分散，农村社会组织种类较多，规模不一，部分农村社会组织没有固定的场地和稳定的经费来源，并没有进行合法登记。其次，农村社会组织内部规章制度不规范，其中经济合作类社会组织制度不健全、运作不规范的问题较为明显。农村合作经济组织主要依托"能人效应"，管理和建设主要靠管理者权威来维系，大部分组织没有建立制度性、规范性和科学性的管理体系，制度建设比较薄弱。并且现存部分合作经济组织形同虚设，不开展任何经济类服务，组织内部缺乏利益联系，成员与组织间的关系较为松散，没有形成真正的"成员"与"组织"的关系。在政府反哺资源的过程中，由于农村社会组织管理不规范、制度不健全，难以形成规模效应，"精英俘获"就显得尤为严重①。社会公共资源由大农户和乡村精英所俘获，导致资源分配失调、农村社会组织功能失调、农村发展不均衡、贫富差距进一步拉大。最后，在农村社会组织管理方面，组织的管理者和牵头人往往是当地的村民，受教育程度低且没有接受专业的管理制度培训，以经验为管理依据，以人情关系和社会关系网络为管理背景，形成了"家族制"组织模式，不利于农村社会组织的进一步发展。

（三）组织结构失衡，城乡建设衔接不紧密

当前，农村社会组织面临组织结构失衡与城乡建设衔接不紧密的双重挑战。组织结构失衡体现在农村社会组织内部治理机制不健全、人才队伍建设滞后、服务领域单一且缺乏创新。这往往源于农村社会组织在成立和发展过程中，缺乏足够的资源和专业指导，难以构建完善、高效的组织架构。同时，由于农村条件的相对落后，高素质人才往往流向城市，使得农村社会组织在人才储备上捉襟见肘，难以适应农村社会快速发展。这种组织结构失衡不仅限制了农村社会组织自身的发展，也影响了其在农村社会治理中的作用发挥。而城乡建设衔接不紧密则进一步加剧了这一问题。农村社会组织在资金、人才、信息等方面相较于城市社会组织处于明显劣势，这种资源分配的不均衡

---

① 温铁军，杨帅.中国农村社会结构变化背景下的乡村治理与农村发展 [J]. 理论探讨，2012（06）：76-80.

使得农村社会组织在开展活动时力不从心，难以提供高质量、多元化的服务。同时，城乡社会组织之间的互动与合作也显得不足，城市社会组织的先进经验和管理模式难以有效传递到农村，农村社会组织也难以借助城市社会组织的力量提升自身的发展水平。此外，城乡建设衔接不紧密还体现在政策层面。城乡发展政策往往更关注城市社会组织的发展和支持，而忽视了农村社会组织的需求和利益。这种政策上的不协同进一步拉大了城乡社会组织之间的发展差距，使得农村社会组织处于相对不利的地位。

第二章 农村社会组织研究现状

第一节 农村社会组织研究的兴起与趋势

社会组织的成立基于一定的制度、宗旨、系统等，其目的在于实现组织内成员的共同目标；而在农村社会组织中，其主体更为明确，是村镇行政区划内自愿参与组织的农户，是政府领导下的农村次级社会群体，并且涵盖类型较多[①]。自 1984 年中共中央、国务院发出第一个农村扶贫开发文件《中共中央、国务院关于帮助贫困地区尽快改变面貌的通知》，社会组织在农村扶贫开发工作中的作用开始显现[②]。随着我国扶贫开发工作的推进，农村社会组织以其自身独特优势，在我国农村大规模开发式扶贫、整村推进扶贫、精准扶贫等不同时期的扶贫实践中均有贡献，逐渐成为社会扶贫体系的多元主体之一[③]。当前，在巩固拓展脱贫攻坚成果同乡村振兴有效衔接的过渡期内，在健全防止返贫动态监测和帮扶机制，及时发现和帮扶易返贫致贫人口，提升脱贫农户生计能力和优化返贫风险应对策略时，仍不可忽视社会组织的

---

① 蔡斯敏. 乡村治理变迁下的农村社会组织 [J]. 西北农林科技大学学报（社会科学版），2012，12（05）：115-119.

② 黄林，卫兴华. 新形势下社会组织参与精准扶贫的理论与实践研究 [J]. 经济问题，2017（09）：1-5+12.

③ 刘耀东. 农村社区服务类社会组织参与精准扶贫的理据、困境及推进策略 [J]. 学术研究，2020（04）：69-72.

作用和影响。特别是对于脱贫地区的大多数个体农户来讲，协会、协作会、互助会等类似的自发性社会组织，因其结构较松散、规制不严格、功能较单一的特点而有别于政府或政府主导的组织机构。在返贫致贫风险防范、巩固拓展脱贫攻坚成果、衔接乡村振兴战略的有效路径开发中，丰富和发挥农村社会组织在典型脱贫县和乡村振兴重点帮扶县的应用与示范作用，亟须尽早开展相关实践研究。因此，在巩固拓展脱贫攻坚成果同乡村振兴有效衔接的过渡期，对农村社会组织相关文献进行梳理与回顾，总结近年来农村社会组织相关领域的研究热点和历史脉络，具有一定的理论分析和实践研究价值。

第二节　文献分析数据来源与方法

本书在文献计量分析时主要采用了论文数据，考虑到研究重点为我国农村社会组织领域的研究进展，因此在中国知网以"农村社会组织"为检索主题，通过精确检索方式获取研究数据。截至 2022 年 3 月 31 日，以上述条件共检索到相关文献 3346 篇。为保证研究文献的精确性与相关性，进一步对3346 篇文献进行手动筛选，手动剔除与主题"农村社会组织"相关性不强的通知书、活动纪要、人物采访 / 介绍、会议通知、论坛新闻稿、书评等无效文献后，最终获取有效文献 2190 篇，时间跨度为"1984~2022 年"。所获取的有效文献涉及政治学、公共管理、农业经济、社会学、法学、地理学、环境学等多个学科。

本书采用当前文献计量学领域的主流方法——共词分析（Co-word Analysis）。作为文献计量学及科学计量学领域中最典型的演进方法[1]，共词分析通过统计分析一系列文献中关键词两两出现在同一篇文献中的频率，进行聚类整合形成不同组群的共词网络，并基于共词网络探索不同关键词所反映

---

① 伍若梅，孔悦凡 . 共词分析与共引分析方法比较研究 [J]. 情报资料工作，2010（1）：25-27.

的某一类研究的热点主题和知识演进路径，从而总结出不同的知识域[1]。目前，文献计量学和科学计量学领域主要应用共词分析的原理来描绘某一研究领域的热点、演进、前沿科学知识图谱，通过关键词共现图谱、聚类图谱、时区图谱将某一领域的研究进展实现可视化[2]。本书应用美国德雷塞尔大学陈超美博士与大连理工大学 WISE 实验室联合开发的可视化工具 CiteSpace 软件，通过关键词共词分析来绘制聚类图谱和时区图谱。本书通过对 2190 篇有效文献的文献计量分析，以期把握农村社会组织领域的整体研究现状及未来发展趋势。

第三节　国内研究现状总览

一　年度发文特征

"发文量"是用以衡量某一时期某一领域研究进展和发展趋势的客观指标，通过发文量统计能够较为清晰地得出不同时期某一研究领域受学术界关注的程度。从"农村社会组织"研究领域的发文量来看（见图 2-1），国内学者关于农村社会组织的研究可分为三个阶段进行特征描述。第一阶段为 2006 年之前，这一阶段"农村社会组织"研究的发文量较少，年发文量在 30 篇以内，农村社会组织研究主题尚未得到学术界的广泛关注。第二阶段为 2006~2019 年，这一阶段社会组织相关研究的发文量实现骤增，并在长期内保持波动上涨，2019 年达到研究期间年发文量最高值 302 篇。第三阶段为 2019 年之后，发文量相较于前一阶段略有下降。考虑到文章的选题写作到发表见刊之间存在波动的时间间隔，因此，本书对某一特定年份的发文量不做过多分析，而是着重于某一时期的背景研究以探讨某一阶段发文量骤增背后的历

① Chen C, Fidelia I, Hou J. The Structure and Dynamics of Cocitation Clusters: A Mutiple-perspective Co-citation Analysis[J]. Journal of the American Society for Information Science and Technology, 2010, 61 (7): 1386-1409.

② 王春萍, 郑烨. 21 世纪以来中国产业扶贫研究脉络与主题谱系 [J]. 中国人口·资源与环境, 2017, 27 (6): 145-154.

史因素。

　　其中，在第二阶段（2006~2019年），以农村社会组织为主题的研究发文量呈波动上涨趋势，相关研究的骤增与我国政策导向紧密相关，存在明显的政策引导作用。2005年，党的十六届五中全会提出建设社会主义新农村的发展战略，为当时处于转型期的中国农村在社会发展方面做出了明确规划。随着农村社会公共事务复杂性的日益增加，作为农村事务的重要载体，社会组织的成立和发展直接关系到我国建设社会主义新农村发展战略的实施进程。鉴于此，农村社会组织在农村建设与发展中的作用逐渐得到学术界的关注，引发了相关研究成果的大量涌现。

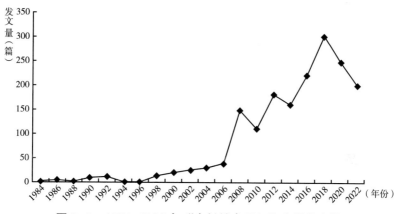

图2-1　1984~2022年"农村社会组织"主题发文量

二　研究力量

　　通过对文献作者与机构的分析，可以发现当前"农村社会组织"领域的核心研究力量。对2190篇有效文献的作者与机构进行统计分析，整理得到"农村社会组织"研究领域的主要机构有华中师范大学、中国人民大学、安徽大学、华中农业大学、北京大学、武汉大学、中共中央党校、广西大学、吉林大学及南京大学。除高校外，以党校为代表的各级干部院校是农村社会组织研究的主要力量，这与目前农村社会组织的发展现实相符。当前，党组织是农村工作的抓手，各级党政干部常年工作于脱贫攻坚一线，在乡村社会现代化转型过程中，他们既要积极发挥领导效能、加强自身内在力量，也要培育乡村社会组织、提升党组织的外生力量。因此，隶属于中央党校和地方党校等机构的作者是"农村社会组织"研究领域的主导力量之一。

采用机构网络图谱对农村社会组织领域的发文作者机构进行分析发现，机构之间的合作网络尚未形成，机构与机构的节点连线呈现显著的分散性特征。也就是说，目前，围绕农村社会组织多是某一作者或某一作者团队进行研究，尚未在不同机构之间形成明显的合作网络。因此，下文通过文献计量与文献回顾，围绕核心作者的发文量及研究主题进行进一步分析，以总结不同研究力量的主要研究方向。

在社会组织领域，核心作者/核心作者团队有曲阜师范大学政治与公共管理学院李增元（11篇，发表年度2012~2022年），主要研究方向为培育社会组织参与农村社区化治理的路径研究；南宁师范大学经济与管理学院何玲玲（9篇，2020~2021年），主要研究方向为乡村振兴视域下社会组织参与乡村治理困境及破解路径研究；浙江师范大学农村研究中心鲁可荣（8篇，2006~2015年），开展了农村社会组织建设与管理研究；中国社会科学院社会学研究所王春光（8篇，2009~2019年），研究主题为农村社会组织在社会发展中的依附性角色与作用；华中农业大学文法学院万江红（7篇，2006~2013年），核心研究内容为以农村民间金融组织/农民合作经济组织为例，探析社会组织发展对构建农村和谐社会的功能作用；中共青岛市委党校王义（7篇，2009~2011年），主要开展社会组织参与乡村治理的机制与效能分析；华南农业大学公共管理学院张开云（6篇，2007~2010年），探究农村社会组织参与农村公共服务的现状评价与路径选择；桂林理工大学公共管理与传媒学院彭正波（6篇，2015~2018年），研究方向为农村制度变迁中的社会组织发展；江西理工大学文法学院周小花（6篇，2009~2013年），关注农村社会组织在农村社会管理中的作用；华中师范大学政治学研究院陈荣卓（5篇，2011~2016年），研究方向为农村社会组织参与农村社区治理机制的优化路径研究。通过以上分析总结得出，从文献作者与隶属机构来看，当前我国农村社会组织领域已经呈现小范围内研究集群的特征，但是不同地域、不同机构间的合作还有很大的提升空间。

三　成果资助与学科支持

某一主题研究受到基金的资助情况一方面反映了该领域的研究热点，另一方面在一定程度上体现了从中央到地方对该领域研究的支持力度。本书对"农村社会组织"领域研究成果受基金资助的情况进行统计发现，在2190篇文献中，有492篇文献受到国家社会科学基金资助，有31篇文献受到国家自然科学基金资助，受到国家级基金项目资助的比例达到23.88%，受到教育部人文社会科学研究项目资助的文献有35篇。在各省级项目中，资助基金类别主要为哲学社会科学基金，从地域分布来看，湖南省、江苏省、安徽省、山东省和广东省对农村社会组织研究的资助与支持比例较高，反映了不同地域对农村社会组织研究的关注程度具有差异。

尽管同一研究成果受到多项基金资助的现象普遍存在，但仍可通过以上分析得出，国家社会科学基金项目为农村社会组织研究领域的发展提供主要保障支撑。进一步对比受国家社会科学基金资助的492篇文献，并对其学科分类进行分析，得出政治学和公共管理学科领域的相关文献量分别占35.70%和20.69%，即政治学及公共管理学科对我国农村社会组织研究的进展有较多支持。同时，通过以"农村社会组织"关键词在国家社会科学基金项目库中检索发现，该主题在社会学、政治学、马列社科、管理学等学科中频获资助；研究主题集中在社会治理、基层治理、社区治理、公共服务等方面，结合脱贫攻坚、稳定脱贫、乡村振兴等主题开展的交叉研究甚少。

四　知识演进与新兴热点

（一）高频关键词

关键词作为高度凝练和表达文献研究主题和核心内容的词汇，能够直观地反映文献所研究和关注的焦点主题。通过比较所研究文献的关键词频数及其首次出现在文献中的年份，可较为直接地捕捉不同时期该领域内研究成果的聚焦点。本研究从 2190 篇"农村社会组织"相关文献中共提取出 402 个关键词，各个关键词出现的频数区间为 [2，263]，即所有的有效文献中同一关键词出现的最高频数为 263。中心性大于 0.1、排名前 20 的高频关键词有社会组织、农村、乡村振兴、乡村治理、农村社会组织、社会资本、新农村建设、农村社区（见表 2-1）。

表 2-1　农村社会组织研究中的高频关键词

序号	高频关键词	频次	中心性	首次出现年份	序号	高频关键词	频次	中心性	首次出现年份
1	社会组织	263	0.39	2001	11	公共服务	58	0.05	2010
2	乡村振兴	172	0.17	2018	12	社会治理	47	0.07	2013
3	农村	170	0.28	2005	13	社会工作	47	0.04	2012
4	乡村治理	134	0.21	2006	14	村民自治	41	0.05	2007
5	新农村建设	78	0.11	2006	15	协同治理	36	0.02	2014
6	农村社会组织	77	0.15	2002	16	路径	35	0.02	2012
7	农村社区	69	0.11	2008	17	多元主体	32	0.02	2015
8	社会管理	69	0.05	2010	18	农村专业经济协会	29	0.06	2005
9	精准扶贫	68	0.06	2016	19	农村社会组织	26	0.02	2006
10	社会资本	63	0.11	2005	20	新时代	26	0.03	2018

从高频关键词的出现时间来看，20 世纪初期，关于"社会组织""农村社会组织"的研究开始兴起，这一时期也是社会组织在脱贫攻坚进程中的规范化参与阶段。2005 年后，农村社会组织研究领域出现较多的关键词为乡村治理、新农村建设、农业专业经济协会、农村社会组织、社会资本、村民自治等，其中，乡村治理于 2006 年首次出现，总频次达到 134 次。公共服务、社会管理、社会工作、社会治理、协同治理则成为 2010 年后的研究重点。2015年之后，农村社会组织研究领域的关注点集中于多元主体、精准扶贫、新时

代、乡村振兴，尤其是"乡村振兴"于 2018 年首次出现，文献总频次达到
172 次。高频关键词分析可以在一定程度上总结我国农村社会组织研究领域的
整体热点趋向，但是受到高频关键词初始出现时间的限制，关键词频数不能
充分反映不同关键词之间的关联网络和聚类结构。因此，对"农村社会组织"
研究脉络的梳理和研究热点的追踪仍有必要。

（二）关键词共现

关键词共现表示两个或多个关键词同时出现在同一篇文献中的现象，可通
过共现图谱进行刻画。共现图谱中节点大小反映了所检索关键词在一系列文献
中出现的中心度，中心度越高表示其影响力越强，关键词大小表示频次高低，
关键词间的共现关系通过连线表示。通过共现图谱可以展示某一领域内的共现
网络、研究热点及演变路径[①]。因此，本书提取了所筛选文献的关键词信息并进
行共现可视化，以获得"农村社会组织"研究的关键词共现图谱。节点类型选
择"关键词（Keyword）"，时间切片设置为"1984~2022 年"，切片平均年数选
择 1 年，即以 1 年为分割点，阈值设置为 Top N=50，最终生成的关键词共现图
谱中节点数量共 400 个，连线共 1383 条，网络密度为 0.0173。

为进一步探寻不同领域的主题分布与组织结构，本书在关键词共现网络
图谱的基础上进行聚类分析。聚类分析是一种探索数据内在结构的技术，通
过对数据对象的术语和背景进行统计分析，利用特定算法对数据进行聚集，
使复杂数据标准化[②]。本书通过 CiteSpace 可视化软件对"农村社会组织"领域
的 2190 篇文献进行关键词聚类分析，采用 LSR 计算方法识别出"农村社会
组织"领域的研究集群，文献涵盖了建设社会主义新农村（聚类 #0）、新时代
（聚类 #1）、精准扶贫（聚类 #2）、内源式发展（聚类 #3）、农村（聚类 #4）、
农村社区（聚类 #5）、社会组织（聚类 #6）、老龄化（聚类 #7）、农村专业经

①　Chen Chaomei, Song Il-Yeol, Yuan Xiaojun, Zhang Jian. The Thematic and Citation Landscape of Data and Knowledge Engineering（1985–2007）[J]. Data & Knowledge Engineering, 2008, 67（2）: 234-259.

②　Muhammad Mubashir Ahsan, Cheng Wei, Aqsa Bilal Hussain, Chen Xuefeng, Basit Ali Wajid. Knowledge Mapping of Research Progress in Vertical Greenery Systems（VGS）from 2000 to 2021 Using CiteSpace Based Scientometric Analysis[J]. Energy and Buildings, 2022, 256: 111768.

济协会（聚类 #8）、农村社会组织（聚类 #9）、农村社会管理（聚类 #10）等 12 个研究的热点领域。通过必要的细碎网络筛选和整合，总结出农村社会组织研究的 6 个知识域。

第一个大规模显著出现的知识域是"建设社会主义新农村"。农村社会组织是建设社会主义新农村的重要引擎[1]，农村社会组织研究领域中"建设社会主义新农村"知识域相关文献有 189 篇。2005 年，中共十六届五中全会提出了"建设社会主义新农村"的重大历史任务；次年，中央一号文件提出，要在增强农村基层党组织战斗力和健全村民自治机制的同时，培育农村新型社会化服务组织。在一系列政策支持下，"农村社会组织"成为农业社会化服务体系的重要组成部分。学者们对于社会主义新农村建设背景下社会组织的自身发展模式[2][3]，以及社会组织在社会主义新农村建设中的助推作用开展了相关研究[4]。尤其对于民族地区而言，如何发挥传统社会组织的纽带作用，构建社会主义新农村建设的和谐模式成为研究关注的焦点[5][6]。

第二个大规模显著出现的知识域是"社会组织与精准扶贫"。在社会组织参与的具体公共事务和公共服务领域中，"扶贫"是其中重要的一环，以社会组织为主体之一的社会扶贫体系是中国贫困治理的重要经验[7]。社会组织参与精准扶贫的优势体现在三个方面。其一，社会组织参与有利于精准扶贫中的多元协同。在我国精准扶贫进程中，广泛动员社会组织，有利于构建政府、

① 丁志刚，王杰.中国乡村治理 70 年：历史演进与逻辑理路 [J].中国农村观察，2019（04）：18-34.
② 蒋霞，郑伟波，郭宏樟.少数民族传统社会组织与村政组织在社会主义新农村建设中的和谐模式探讨——以桂北苗族村寨为例 [J].广西民族研究，2011（03）：79-82.
③ 朱余斌.社会主义新农村建设视域下的农村非营利组织发展问题研究 [J].农村经济，2013（03）：44-49.
④ 阎占定.新型农民合作经济组织乡村社会建设参与分析 [J].理论月刊，2014（08）：5-9.
⑤ 彭正波，王凡凡.民族村寨旅游开发中的农村社会组织发展研究——以西江千户苗寨"老人会"为例 [J].旅游学刊，2018，33（12）：99-109.
⑥ 张春敏，张领.民族地区农民再组织与乡村社会有效治理——基于黔东 Y 自治县乡贤参事会建设为例 [J].云南民族大学学报（哲学社会科学版），2019，36（01）：59-65.
⑦ 王杨.社会组织参与精准扶贫的制度化逻辑——基于制度—关系—行为框架 [J].宏观经济研究，2018（12）：123-132.

市场及社会多元协同扶贫机制，从而推动精准帮扶、精准管理、精准识别[1][2]。其二，社会组织参与有助于激励精准扶贫中的"精神脱贫"。"志智双扶"是推进精准扶贫的内生动力，农村社会组织参与有利于强化农户的励志脱贫动力[3]。其三，农村社会组织因其特殊性更能关注到微观主体的参与度、主体性和协同性[4]，从而增强其精神脱贫的内生发展动力，达到精准扶贫的政策目的。

　　第三个大规模显著出现的知识域是"内源式发展"。中国特色社会扶贫体系包括定点扶贫、东西扶贫协作、社会组织扶贫、企业扶贫和个人扶贫五种形式。在实践中，当越来越多的涉农资金和项目以多元方式介入贫困地区时，社会组织作为扶贫主体的参与权利和作为农村内源式发展动力的形成机制往往容易被忽视，从而引致群体性事件等社会矛盾的发生[5]。实际上，贫困地区在承接政府、市场和社会的发展资源时，如何最大限度地提升扶贫效率并激励个体形成稳定脱贫的内生动力机制，从而实现内源式发展，是脱贫攻坚的关键所在，也是扶贫领域推进国家治理体系和治理能力现代化的题中之义[6]。因此，在我国长期的脱贫攻坚进程中，学者们围绕如何发挥农村社会组织的内生力量展开相关讨论[7]。尤其是在后脱贫时代，在社会组织的形成和发展中，如何增强脱贫地区巩固脱贫成果及内生发展能力，揭示脱贫地区内源式发展动力形成的内在机理成为研究的热点主题[8]。

---

① 靳永翥，丁照攀.贫困地区多元协同扶贫机制构建及实现路径研究——基于社会资本的理论视角 [J].探索，2016（06）：78-86.

② 方劲.合作博弈：乡村贫困治理中政府与社会组织的互动关系——基于社会互构论的阐释 [J].华中农业大学学报（社会科学版），2018（03）：100-107+157-158.

③ 张露露.精准扶贫中的精神脱贫——"八星励志"的耀州实践模式 [J].西北农林科技大学学报（社会科学版），2019，19（03）：69-77.

④ 陈健，吴惠芳.贫困治理社会化：路径转向、类型划分与嵌入式设计 [J].中国农业大学学报（社会科学版），2020，37（05）：84-93.

⑤ 彭小兵，谭志恒.组织动员、资源内生和市场对接：贫困社区内源发展路径——基于云南省 L 中心的考察 [J].中国行政管理，2018（06）：61-67.

⑥ 潘秀珍，周济南.集中连片特困地区精准脱贫长效机制构建研究 [J].广西社会科学，2018（11）：138-142.

⑦ 何明，方坤.组织再造与文化接续：后脱贫时代社会工作介入民族地区乡村振兴的实现路径研究——以广西上林县壮族 F 村为例 [J].贵州民族研究，2020，41（11）：85-92.

⑧ 尚海洋，樊姣姣.农村社会组织提升社会资本及应对生计风险的作用研究 [J].资源开发与市场，2022，38（10）：1231-1237.

第四个大规模显著出现的知识域是"农村人口老龄化与社会组织"问题。根据第七次全国人口普查的数据，全国农村 60 岁及以上老人的比重达到 23.81%，65 岁及以上老人的比重达到 17.72%，分别高于城镇同年龄段老龄人口比重（7.99%、6.61%），并且农村老年人中"留守老人"占很大比例。加速发展的老龄化、农村青壮年人口的普遍流出和随之而来的农村养老问题，使得社会组织在农村社会中的主体地位逐渐突出，从而农村人口老龄化与社会组织关系研究成为相关学者关注的焦点。在主题脉络方面，这一知识域研究内容主要包括社会组织提供农村养老服务的可行性与困境分析①②③、实践逻辑与理论逻辑建构④⑤⑥。例如，该知识域内高被引文献——2014 年发表于《甘肃社会科学》的《农村社会养老服务：模式、机制与发展路径——基于江苏地区的调查》一文（被引频次 60 次），研究提出核心观点，即积极培育从事养老服务事业的社会组织是应对农村人口老龄化的重要举措⑦。

第五个大规模显著出现的知识域是"农村专业经济协会"，"农村专业经济协会"相关研究论文有 107 篇。农村专业经济协会是我国最具代表性的农村社会组织，是农民自愿组成、自主管理、自行服务、自我受益的一类社会组织⑧。农村专业经济协会的出现与市场经济渗透社会组织结构的必然趋势相适应，在这一主题脉络下，延伸出农村公共服务供给、乡村治理、农民创业

① 梅瑞江.农村经济组织在农村社会养老保障中的地位研究 [J].河南大学学报（社会科学版），2009，49（05）：58-62.
② 秦俭.农村独居老人养老困境及其化解之道——以社会支持网络理论为分析视角 [J].湖南社会科学，2013（03）：109-112.
③ 刘妮娜.中国农村互助型社会养老的定位、模式与进路 [J].云南民族大学学报（哲学社会科学版），2020，37（03）：133-141.
④ 阳旭东.西部民族地区农村养老服务的行为逻辑与实践探索——基于贵州黔东南 M 村养老院的个案研究 [J].青海民族研究，2019，30（01）：118-123.
⑤ 唐健，彭钢.农村社会化养老善治的路径重构——基于利益相关者理论的分析 [J].农村经济，2019（08）：136-142.
⑥ 张桂敏，王轲，吴湘玲.社会组织参与农村养老服务的行为逻辑——基于行动情境模型的解释 [J].安徽师范大学学报（人文社会科学版），2022，50（02）：61-70.
⑦ 姚兆余.农村社会养老服务：模式、机制与发展路径——基于江苏地区的调查 [J].甘肃社会科学，2014（01）：48-51.
⑧ 尤庆国，林万龙.农村专业合作经济组织的运行机制分析与政策影响评价 [J].农业经济问题，2005（09）：4-9+79.

创新等不同研究方向①②③。其中高被引文献有《农村专业经济协会在乡村治理中的作用探析》④《社会转型中农村社会组织文化建设探析——以农村专业经济协会为例》⑤《社会组织参与农村公共服务供给与社会活力提升路径》⑥。以上文献从不同视角对农村专业经济协会这一类社会组织在农村建设发展中的作用进行了解析。

第六个大规模出现的知识域是"农村社会管理"。长期以来，多主体参与农村社会管理是我国社会主义新农村建设的特色模式⑦。随着乡村振兴战略的实施与推进，多主体共同参与成为农村社会管理的关键环节⑧。在社会组织参与农村社会管理研究中，学者们聚焦优化不同主体的协同关系研究⑨，以及如何提升政府、基层党组织、社会组织、村民等主体参与农村社会管理的系统性。同时，如何构建农村社会组织参与农村社会管理的利益机制与制度成为研究的重点⑩。在乡村振兴战略背景下，着眼于我国全面建成社会主义现代化强国的战略部署和我国社会主要矛盾的转变，学者们开始关注农村社会组织参与农村治理的创新路径⑪。

（三）关键词时区图谱

上文对"农村社会组织"领域的关键词共现网络进行解析，以分析该领

①　马丽娜.农村专业合作经济组织助推乡村社会善治 [J].人民论坛，2017（09）：78-79.

②　黄佳民，张照新.农民专业合作社在乡村治理体系中的定位与实践角色 [J].中国农业资源与区划，2019，40（04）：188-195.

③　周萍，闵惜琳，蔺楠.加入行业协会有益于农民创业吗?——基于上海财经大学"千村调查"的证据 [J].科学决策，2021（11）：66-80.

④　陈江虹.农村专业经济协会在乡村治理中的作用探析 [J].理论导刊，2007（07）：64-67.

⑤　于健慧，王绘.社会转型中农村社会组织文化建设探析——以农村专业经济协会为例 [J].行政论坛，2014，21（06）：88-91.

⑥　聂应德，张旭.社会组织参与农村公共服务供给与社会活力提升路径 [J].广州大学学报（社会科学版），2016，15（09）：35-41.

⑦　李志强，王庆华."结构—功能"互适性理论：转型农村创新社会管理研究新解释框架——基于农村社会组织的维度 [J].南京农业大学学报（社会科学版），2014，14（05）：8-17.

⑧　刘铮，魏传成.推进乡村全面振兴的重点、难点及对策 [J].经济纵横，2021（10）：122-128.

⑨　赵泉民.合作社组织嵌入与乡村社会治理结构转型 [J].社会科学，2015（03）：59-71.

⑩　张锋.农村社会组织参与农村社区治理的利益机制与制度建构 [J].学习与实践，2020（08）：96-104.

⑪　张照新，吴天龙.培育社会组织推进"以农民为中心"的乡村振兴战略 [J].经济纵横，2019（01）：29-35.

域研究热点。进一步地，根据文献数据的发表时间和关键词首次出现的时间，本书绘制出样本文献关键词随时间变化的时区图谱（time zone view）。通过对时间跨度上出现的关键词进行共现分析，可以清晰地捕捉到不同时期"农村社会组织"领域的研究主题。结合前文的发文量统计结果，将 1984~2022 年"农村社会组织"主题相关研究的演化路径划分为三个阶段。

第一阶段（1984~2000 年）。这一阶段为"农村社会组织"研究的起步阶段，尚未形成明确的研究方向及规模化研究域。这一阶段研究的关键词主要为"社会主义"，相关学者等围绕社会主义市场经济条件下农村社会组织的成立、形式和结构开展探索性研究。

第二阶段（2001~2017 年）。这一阶段持续时间较长，在这一阶段出现转型期、乡村治理、村民自治、城乡一体化、贫困治理、精准扶贫、反贫困、脱贫攻坚、社会关系网络、脆弱性等新兴研究主题；研究对象涉及农村留守儿童、老年人、残疾人等社会弱势群体；相关研究围绕社会组织在乡村治理、脱贫攻坚等不同领域的地位和作用展开。

第三阶段（2018~2022 年）。这一阶段最突出的关键词为"乡村振兴战略"，"新乡贤"成为这一时期新的研究对象；这一阶段研究成果中，疫情防控、相对贫困、文化振兴、社会治理共同体、乡风文明建设等成为新兴热点。这表明该时期社会组织参与的领域更加广泛，研究者更加关注社会组织在公共管理、乡村振兴等方面的作用。

（四）关键词突现

关键词共现分析和时区图谱反映了不同时期农村社会组织领域的研究热点，在分析农村社会组织研究主题脉络和知识域研究的基础上，关键词突现检测可以度量某个变量值在短期内发生的变化[1]。文献计量研究将突现信息检测视为一种度量更深层次变化的手段，其被广泛应用于捕捉前沿动态和新兴热点，用于反映某一潜在话题已经或正在引起异乎寻常的关注。为探索我国农村社会组织研究领域的新兴热点，本书对全部有效文献进行了关键词突现检测（结果见图 2-2）。

---

① 赵蓉英，许丽敏. 文献计量学发展演进与研究前沿的知识图谱探析 [J]. 中国图书馆学报，2010，36（05）：60-68.

关键词	年份	强度	起始年	终止年	1993~2022年突现时间
社会主义新农村建设	1993	8.2143	2006	2007	
社会资本	1993	4.2511	2007	2010	
农村社会组织	1993	7.0736	2009	2013	
社会管理	1993	8.9947	2011	2014	
农村社会管理	1993	4.6707	2011	2014	
社会管理创新	1993	4.7076	2012	2014	
社会治理	1993	4.3714	2015	2019	
精准扶贫	1993	5.0936	2016	2019	
乡村振兴战略	1993	4.1658	2018	2022	
乡村振兴	1993	21.5125	2018	2022	

图2-2 关键词突现分析

从关键词突现检测结果来看,"社会主义新农村建设"的研究热度在2006年爆发,突现强度为8.2143,这也验证了前文中关于高频关键词新农村建设的分析。随后,"社会资本"这一研究主题在2007年突现。农村社会组织本质上是村民自主参与而形成的组织,它更多地体现同一组织内村民之间的信任、合作、互惠以及社会关系网络中的资源状况,这表明社会资本是农村社会组织顺利运行和发展的重要社会基础,因而"社会资本"在农村社会组织研究领域中受到学者们的长期关注。而构成社会资本的社会关系网络、社会信任等是农民专业合作经济组织产生、存续和发展的必要条件,由此,与社会组织相关的社会资本研究在2007年爆发。到了2011年,社会管理/农村社会管理的研究主题爆发,随后,社会管理创新的研究在2012年爆发,社会治理的研究在2015年爆发。也就是说,关于社会治理/管理的议题在农村社会组织研究领域长期是学者们关注的研究热点。

值得关注的是,2016年,"精准扶贫"成为农村社会组织研究领域的突现关键词。自2011年颁布新版《中国农村扶贫开发纲要(2011—2020年)》后,社会组织开始全面参与扶贫开发工作。2013年,"精准扶贫"的重要理念首次被提出。2014年,中共中央办公厅和国务院办公厅联合印发了《关于创新机制扎实推进农村扶贫开发工作的意见》,其中强调要深化改革,创新扶贫开发社会参与机制,建立和完善广泛动员社会各方面力量参与扶贫开发制度,鼓励和引导各类企业、社会组织和个人以多种形式参与扶贫开发。2014年，国务院办公厅印发《关于进一步动员社会各方面力量参与扶贫开发的意见》，意见中多次提及"社会组织"，并提出"积极引导社会组织扶贫"，"鼓励其参与社会扶贫资源动员、配置和使用等环节，建设充满活力的社会组织参与扶贫机制"。2015年，中共中央、国务院在《关于打赢脱贫攻坚战的决定》中指出，要健全社会力量参与机制，鼓励支持社会组织参与扶贫开发，实现社会帮扶资源和精准扶贫有效对接，要通过政府购买服务等方式，鼓励各类社会组织开展到村到户精准扶贫。2016年，《"十三五"脱贫攻坚规划》指出，"广泛动员社会力量帮扶。支持社会团体、基金会、社会服务机构等各类组织从事扶贫开发事业"。这一规划的颁布对社会组织在精准扶贫中的地位和作用以及参与模式给予了充分肯定和全面指导。由此，社会组织与精准扶贫研究全面爆发。

最新突现的关键词"乡村振兴战略""乡村振兴"在2018年爆发，并且"乡村振兴"的突现强度高达21.5125。2017年10月，党的十九大报告首次提出"乡村振兴战略"；2018年1月，中央一号文件对"实施乡村振兴战略"进行了全面部署；2018年9月，中共中央、国务院印发了《乡村振兴战略规划（2018~2022年）》。自此，学者们开始广泛关注乡村振兴战略的实施。夯实基层基础是乡村振兴的固本之策，社会协同是建立健全现代乡村社会治理体制的重要一环。由此，乡村振兴成为农村社会组织领域的研究热点，在社会组织领域推动乡村组织振兴成为重要的研究方向。从突现时间来看，2022年至未来一段时间内，乡村振兴与社会组织的交叉研究仍是重点议题。

五 农村社会组织领域研究评述

基于"农村社会组织"研究的现状统计、关键词图谱以及经典文献的研究内容，结合学科发展脉络，着重对脱贫攻坚中社会组织与政府的协同治理、社会组织助力社会资本的形成与积累、社会组织参与精准扶贫的模式与机制、社会组织发展对乡村振兴战略实施的促进等方面进行评述。

（一）社会组织与政府协同治理

党的十八大以来，一系列中央政策明确表示，社会组织是中国社会治理的重要力量。近年来，社会组织多在由政府主导的公共服务或社会管理/社会治理框架内开展活动[①]。农村社会组织参与社会治理，形成政府—社会组织—农民的联动网络，促进各主体间的耦合协调。一方面，农村社会组织参与社会治理具有内生动力。社会治理中各主体作为理性行动者，其合作本质上是为了实现利益最大化而做出的行动选择，但因"搭便车"等机会主义的普遍存在，个体缺乏参与社会治理的内生动力。相较于自上而下的政府公权治理，农村社会组织的扁平化结构与深植农村的特性使其在社会治理中能更为灵活地贯彻政策意图[②]。农村社会组织通过非对抗方式将不同农民个体联结成强关系社会网络[③]，并作为纽带实现政府与农民的良性互动，从而提升乡村社会治理的有效性。另一方面，农村社会组织参与社会治理具有外部优势。乡村建设不仅是社会治理问题，也是技术问题[④]。根据农村社会组织的功能，可以将其分为四类：政治类社会组织，包括协商议事组织；经济型社会组织，包括基金会、农村专业经济协会、种植/养殖合作社、手工坊等；文化型社会组织，包括农业专业技术协会、广场舞组织、棋类协会等；社团型社会组织，包括宗族、农民理事会、农村老年协会等。这些社会组织通过在社会稳定[⑤]、农村生计[⑥]、公益慈善[⑦]、文化

① 张舜禹，郁建兴，朱心怡.政府与社会组织合作治理的形成机制——一个组织间构建共识性认知的分析框架[J].浙江大学学报（人文社会科学版），2022，52（01）：67-81.

② 王颖.扁平化社会治理：社区自治组织与社会协同服务[J].河北学刊，2014，34（05）：100-105.

③ 王曙光，王琼慧.论社会网络扶贫：内涵、理论基础与实践模式[J].农村经济，2018（01）：1-10.

④ 李南枢，何荣山.社会组织嵌入韧性乡村建设的逻辑与路径[J].中国农村观察，2022（02）：98-116.

⑤ 胡平江，刘思."分"与"合"：集体行动视角下社会组织的有效规模研究——基于广东省龙川县山池村谢氏宗族的田野调查[J].南京农业大学学报（社会科学版），2018，18（05）：19-26+154-155.

⑥ 朱燕.借鉴与创新：边疆民族地区社会组织发展的路径——以广西P市M协会及其孵化机构为例[J].贵州民族研究，2020，41（07）：28-35.

⑦ 黄开腾.国外社会组织扶贫：历史演变、实践经验及其政策启示[J].贵州师范大学学报（社会科学版），2021（01）：34-43.

建设[①]、社会治安及农村养老[②]等方面提供公共服务，在一定程度上塑造了新的政府与社会关系的可能性。

（二）社会组织助力社会资本形成积累

农户社会资本的开发与提升关乎农村社区的发展、农村社会凝聚力、农业经济竞争力以及乡村振兴等多个方面。社会组织对社会资本的促进，有别于个体通过单一的联系和关系网络实现社会资本积累，而是延展至规范、制度、社会结构等领域，也可以被视为对社会资本网络构成的补充。不同类型社会组织对社会资本的影响具有差异，温美荣指出社会组织的发展与社会资本存量呈正相关[③]；但孙兰英等认为，不同组织之间的异质性较大时，不易产生普遍的信任和互惠[④]。这一结论在毛佩瑾等人的研究中也得到证实。毛佩瑾等通过对公益类、互益类、综合类三种社会组织进行分析，研究发现参与互益类组织能够促进社会成员之间形成社会关系网络，加强互惠性社会规范，而参与综合类组织有助于社会资本的形成[⑤]。不同社会组织在社会资本形成与转化方面的影响也具有差别[⑥]。具体而言，不同类型社会组织对社会资本的影响区别带来组织运作上的具体差异，其对地区发展的影响也具有异质性。在不同地区社会组织对社会资本的影响方面，梁巧、吴闻等通过对嘉兴、台州两地社会组织研究发现，社会组织成员的参与程度以及合作绩效受社会资本的影响，社会组织对地方发展的影响程度也存在差异[⑦]。实际上，农村社会组

① 钱宁，陈世海.滇西佤族社会治理中的农村社会组织研究——以沧源县 A 协会为个案 [J].中央民族大学学报（哲学社会科学版），2019，46（02）：22-31.

② 王辉.韧性生存：多重逻辑下农村社会组织的行动策略——基于农村老年协会个案 [J].南京社会科学，2021（09）：53-63.

③ 温美荣.社会资本视域下农民专业合作社发展问题研究 [J].行政论坛，2012，19（05）：73-77.

④ 孙兰英，陈艺丹.信任型社会资本对社会组织发展影响机制研究 [J].天津大学学报（社会科学版），2014，16（04）：336-339.

⑤ 毛佩瑾，徐正，邓国胜.不同类型社区社会组织对社会资本形成的影响 [J].城市问题，2017（04）：77-83.

⑥ 李健，郭薇.资源依赖、政治嵌入与能力建设——理解社会组织党建的微观视角 [J].探索，2017（05）：121-127.

⑦ 梁巧，吴闻，刘敏，卢海阳.社会资本对农民合作社社员参与行为及绩效的影响 [J].农业经济问题，2014，35（11）：71-79+111.

织在农村社会治理中扮演着社会资本的连接者角色①，尤其是对于民族地区②。民族地区存在特有的社会文化情境，当地成员组成的社会组织更具有黏性和组织韧性，社会资本也更为丰富。

（三）社会组织参与脱贫攻坚的模式

社会组织参与作为社会治理的重要一环，在我国长期脱贫攻坚中的作用日益彰显。在理论层面，学者们首先对社会组织参与农村扶贫开发的要义与困境进行探讨③，研究发现社会组织参与扶贫工作的权利与义务模糊是其在扶贫治理中难以有为的因素。随后，学者们开始对社会组织参与扶贫开发的制度安排和机制支持展开研究，包括社会组织参与农村扶贫的法律依据与治理研究④、政府与社会组织合作扶贫的法律建构分析⑤、后脱贫时代社会参与扶贫的法律激励机制设计等⑥，从法律和政策角度对社会组织参与扶贫的权利和义务关系展开翔实分析。通过以上理论研究，为社会组织参与农村扶贫实践提供了充分的理论依据。

在实践层面，公益扶贫是社会组织扶贫的典型模式⑦，除此之外，还包含"社会组织＋产业扶贫""社会组织＋电商扶贫"等创新性扶贫实践。① 社会组织参与产业扶贫。产业扶贫是稳定脱贫的根本之策⑧，以社会力量为核心的"社会组织＋政府＋合作社＋农户"的扶贫模式是欠发达地区产业发展的经典模式，充分发挥社会力量的作用是促进产业扶贫与产业兴旺有效衔接的关键。② 社会组织参与电商扶贫。在巩固拓展脱贫攻坚成果同乡村振兴有效衔接期，

① 章晓乐，任嘉威.治理共同体视域下社会组织参与农村社会治理的困境和出路 [J].南京社会科学，2021（10）：62-67.
② 吴莹.社区社会资本与民族地区的基层治理效能研究 [J].中央民族大学学报（哲学社会科学版），2022，49（02）：88-96.
③ 黄建.论精准扶贫中的社会组织参与 [J].学术界，2017（08）：179-190+326.
④ 成克惠.社会组织参与农村精准扶贫的法律依据与治理研究 [J].农业经济，2019（01）：75-77.
⑤ 蔡科云.论政府与社会组织的合作扶贫及法律治理 [J].国家行政学院学报，2013（02）：33-37.
⑥ 王怀勇，邓若翰.后脱贫时代社会参与扶贫的法律激励机制 [J].西北农林科技大学学报（社会科学版），2020，20（04）：1-10.
⑦ 徐顽强，李敏.公益组织嵌入精准扶贫行动的生态网络构建 [J].西北农林科技大学学报（社会科学版），2019，19（03）：43-53.
⑧ 刘明月，冯晓龙，冷淦潇，仇焕广.从产业扶贫到产业兴旺：制约因素与模式选择 [J].农业经济问题，2021（10）：51-63.

将志智双扶相结合的电商扶贫成为学者们关注的焦点之一[①]。由不同扶贫主体主导的电商扶贫模式在作用、路径及优势领域等方面存在差异。其中，由电商协会组织主导的电商扶贫主要通过增收、节支、赋能等路径发挥作用，具有扶贫效率高及带动能力强的优势[②]；由社会组织参与的电商扶贫模式，通过多种资源优势互补，更能激发电商扶贫模式志智双扶的优势[③]。③社会组织参与教育贫困治理。在后扶贫时代，教育贫困治理是阻断贫困代际传递的治本之策[④]，社会组织参与使得教育治理权力在政府、学校、企业、社会组织和个体之间转移，促进教育治理的多元化、教育资源配置的优化。

（四）社会组织促进乡村振兴战略实施

随着乡村振兴战略的落地，如何振兴成为学术界讨论的重要议题。在健全现代乡村治理体系方面，《乡村振兴战略规划（2018—2022年）》指出，"大力培育服务性、公益性、互助性农村社会组织，积极发展农村社会工作和志愿服务"。社会组织是我国实施乡村振兴战略进程中不可或缺的建设性力量，在国家政策层面获得了高度承认，但学术界对"社会组织参与乡村振兴何以可能以及何以可为"尚处于探索性讨论阶段[⑤]。首先，学者们关注乡村振兴背景下社会组织的创造性转化研究[⑥]，将培育和发展社会组织作为实现乡村振兴战略的重要举措[⑦]，探究如何实现社会组织的创造性转化，以更好地适应并服务于乡村振兴进程。随后，学者们开始探索农村社会组织参与乡村振兴的路

---

① 张硕，乔晗，张迎晨，李卓伦.农村电商助力扶贫与乡村振兴的研究现状及展望[J].管理学报，2022，19（04）：624-632.
② 唐超，罗明忠.贫困地区电商扶贫模式的特点及制度约束——来自安徽砀山县的例证[J].西北农林科技大学学报（社会科学版），2019，19（04）：96-104.
③ 王瑜，汪三贵.互联网促进普惠发展的基本经验：成本分担与多层面赋能[J].贵州社会科学，2020（11）：132-140.
④ 袁利平.后扶贫时代教育贫困治理的价值逻辑、行动框架与路径选择[J].深圳大学学报（人文社会科学版），2021，38（01）：25-33.
⑤ 萧子扬.社会组织参与乡村振兴的现状、经验及路径研究——以一个西部留守型村庄为例[J].四川轻化工大学学报（社会科学版），2020，35（01）：17-34.
⑥ 廖林燕.乡村振兴进程中"直过"民族传统社会组织的创造性转化研究[J].西南民族大学学报（人文社科版），2018，39（10）：208-214.
⑦ 张照新，吴天龙.培育社会组织推进"以农民为中心"的乡村振兴战略[J].经济纵横，2019（01）：29-35.

径①，整体上看，农村社会组织的成立和发展符合乡村振兴中"产业兴旺、生态宜居、乡风文明、治理有效、生活富裕"的总体要求②，表现出一种"组织振兴"特征。具体来看，部分学者认为，社会组织可为"乡村文化振兴"提供动力、资金、氛围上的支持③，推动社会组织参与乡村传统文化的传承创新是后脱贫时代乡村振兴的重要途径④，但社会组织参与乡村文化振兴存在定位模糊、治理低效、激励有限等困境。此外，乡村振兴背景下，社会组织参与公共服务供给与治理也具有重要的现实意义⑤，但囿于多种因素，当前农村社会组织参与公共服务供给与治理面临合法性缺失下参与身份他异化、"依附式发展"下参与内容"悬浮化"以及社会组织慈善的"业余主义"带来的参与效能低下等诸多问题。

六 面向乡村振兴的农村社会组织研究展望

通过形式上和内容上的文献计量分析，本书面向乡村振兴战略的实施，提出未来"农村社会组织"研究领域可关注的重点方向。

（1）当前农村社会组织领域多在政治学、公共管理学科的支持下开展相关研究，研究力量以"党校"为代表的干部院校为主。在乡村振兴战略实施的过程中，建议学者们，尤其是经济学和法学等领域的学者，在农村社会组织的经济效应评估、农村社会组织扶贫的效率分析及趋势监测、农村社会组织助力乡村产业振兴路径、农村社会组织参与社会治理制度建设等方面主动出击，推动农村社会组织的多学科交叉研究。

（2）社会组织已成为我国扶贫开发多元化治理架构中的重要一极，在国家扶贫治理体系中，农村社会组织的参与能够为社会力量嵌入提供制度化、

---

① 胡那苏图，崔月琴.组织化振兴：农村社会组织参与乡村治理路径分析——以内蒙古东部脱贫县 A 镇三村为例 [J].理论月刊，2020（05）：111-121.

② 谷中原.乡村振兴背景下的农村持续发展型社会组织建设 [J].湖湘论坛，2020，33（01）：5-12.

③ 徐顽强，于周旭，徐新盛.社会组织参与乡村文化振兴：价值、困境及对策 [J].行政管理改革，2019（01）：51-57.

④ 何明，方坤.组织再造与文化接续：后脱贫时代社会工作介入民族地区乡村振兴的实现路径研究——以广西上林县壮族 F 村为例 [J].贵州民族研究，2020，41（11）：85-92.

⑤ 龚志伟.乡村振兴视阈下社会组织参与公共服务研究 [J].广西社会科学，2020（04）：79-83.

规范化的行动机制，科学弥补政府和市场在扶贫减贫中的不足之处，发挥靶向服务、沟通诉求、重塑信念等独特的组织功能。然而，在巩固拓展脱贫攻坚成果同乡村振兴有效衔接期内，对于如何充分发挥社会组织对易返贫致贫人口的帮扶作用，如何通过农村社会组织建设和创新为构建稳定脱贫长效机制提供组织保障，如何在脱贫山区做好脱贫攻坚与乡村振兴的组织衔接，理论与实践研究尚处于起步阶段。

（3）作为社会资本构成载体和转换途径的社会组织，是社会资本中最重要的一部分；但目前已有的研究成果对于社会组织与社会资本联动研究的关注尚显不足。在乡村振兴背景下，国家对农村社区组织体系的引导和建设力度逐渐加大，农村社会组织发挥的作用也越来越具有公共性、综合性、规范性、开放性，农村社会组织参与的公共事务领域更广泛，其产生的社会资本也更为复杂。因此，作为社会资本统筹的中枢系统，社会组织如何通过社会资本构建，进而拓宽农村社会组织生存空间、有效推动乡村社会治理、激活乡村振兴的内生动力，是后续研究的重要议题之一。

第三章 研究区农村社会组织现状及研究设计

第一节 研究区概况

本书研究区包括陕南生态脆弱区与河西祁连山生态脆弱区两部分。

陕南即陕西省南部，从西往东依次是汉中、安康、商洛三个地市。陕南北靠秦岭、南倚巴山，汉江自西向东流过，由于被秦岭山脉横断，陕南形成亚热带气候，具有明显的南方特征。汉中市辖汉台区、南郑区，以及城固、洋县、勉县、西乡、略阳、镇巴、宁强、留坝、佛坪9个县，市政府驻汉台区。安康市北靠秦岭主脊，东与湖北省接壤，南接重庆市，下辖汉滨区、旬阳市、白河县、石泉县、平利县、紫阳县、岚皋县、宁陕县、镇坪县、汉阴县1市1区8县。商洛市地处秦岭山地，因辖域内有商山洛水而得名，沟壑纵横，河流密布，东邻河南省，东南邻湖北省，北、西北、西南分别与陕西省渭南市、西安市、安康市接壤①，共辖商州区、镇安县、丹凤县、商南县、洛南县、山阳县、柞水县1区6县。

祁连山脉是一个由一系列平行排列的山岭和谷地组成的地区，其海拔一般在3000~5000米，最高峰的海拔达到5547米。受高原寒冷气候的影响，祁连山在海拔4200米以上的高山地带一年四季都有积雪，形成了2859条冰川，总面积达1972.5平方公里。当这些冰雪融化后，形成了石羊河、黑河和疏勒河三大水系，同时也

---

① 白惠涛.西武客专引入商洛地区客运站方案研究[J].科技创新与应用，2015，116（04）：38-39.

是 56 条内陆河流的源头之一①，年径流量高达 72.6 亿立方米。这些宝贵的水资源不仅是河西地区人民生存所不可或缺的重要来源，更是支撑当地经济和文化繁荣的基础保障。祁连山自然保护区地处甘肃、青海两省交界处，古人早有清楚的认识，把它概括为"雪山千仞，松杉万本，保持水土，涵源吐流"。祁连山自然保护区位于武威、张掖和金昌市部分地区，地跨天祝、肃南、古浪、凉州、永昌、山丹、民乐、甘州 8 县（区）。地区内气候主要是大陆性草原荒漠气候。

张掖和武威作为举世闻名的丝绸之路的重要枢纽，是东西方政治、文化、经济交流的关键。张掖市现辖甘州区、临泽县、高台县、山丹县、民乐县、肃南裕固族自治县 6 个县（区）②，辖区土地总面积 3.86 万平方公里，现居居民有汉族、裕固族、藏族、蒙古族、回族等多个民族。甘肃省武威市是甘肃省的一个重要城市，地理位置独特，北邻腾格里沙漠，南接祁连山脉，是河西走廊的门户，现辖凉州区、民勤县、古浪县和天祝藏族自治县，聚居着汉、藏、回、蒙等 41 个民族。这里干旱的气候和特殊的地理条件孕育了独特的自然景观，腾格里沙漠是中国四大沙漠之一，纵横交错的沙丘和浩瀚的沙漠风光令人叹为观止。此外，祁连山脉的雄伟壮丽也为武威市增添了自然的魅力。加之拥有悠久的历史和丰富的文化遗产，武威市作为丝绸之路上的重要节点，承载着丰富的商贸和文化交流。

第二节　陕南与河西农村社会组织发展状况分析

一　陕南地区社会组织发展状况

（一）陕南社会组织分类

陕南地区社会组织主要分为三种类型，分别为社会团体、民办非企业单位、慈善社会组织。根据民政局分类记载，汉中市社会组织主要分为社会团

---

① 王英华，谭徐明. 透视河西走廊"猪野泽"看石羊河水系之变迁 [J]. 中国三峡建设，2007，126（06）：34-43.

② 姚礼堂，张学斌，周亮等."山地 - 绿洲 - 荒漠"复合系统土地利用变化的生态系统服务权衡与协同效应——以张掖市为例 [J]. 生态学报，2022，42（20）：8138-8151.

体和民办非企业单位；商洛市社会组织主要分为社会团体、民办非企业单位和慈善社会组织；安康市社会组织主要分为社会团体、民办非企业单位和慈善社会组织。根据社会组织的性质划分，本书将陕南地区的社会组织划分为政治管理类、经济合作类、社会服务类、文化服务类、志愿公益类五类（见表3-1）。

表 3-1　陕南社会组织分类

类别	代表性社会组织
政治管理类	青年协会、红十字会、妇女协会
经济合作类	经济协会、经济合作社、扶贫协会、食品生产协会
社会服务类	红白理事会、禁毒禁赌会、老年协会、信访协会、托养中心
文化服务类	民间文艺家协会、作家协会、书法家协会、音乐家协会、舞蹈家协会
志愿公益类	慈善协会、义工联合会、援助少年儿童协会、志愿者联合会、青年志愿者协会、爱心济困协会

1. 政治管理类

陕南地区的政治管理类社会组织主要包括青年协会、红十字会、妇女协会等社会团体，此类社会组织与政府的联系较为密切[①]。安康市青年创业协会是在安康市民政局登记备案的社团法人组织，接受安康市民政局和安康市工信局等相关行政部门的业务指导和监督管理[②]。截至2020年底，安康市青年创业协会会员有3000余名，其中省市县三级党代表、人大代表、政协委员合计50余名，行业涉及电子商务、教育培训等20个领域。商洛市红十字会在开展救援活动方面发挥着重要的作用。在抗击疫情期间，商洛市红十字会动员队员208人（次）、车辆150台（次）、群众700余人次，搬运抗疫物资及医疗药品150吨。成立了一线医务人员"爱心车队"，共接送医护人员及家属80多人，车辆行驶里程900多公里。动员党员会员捐款捐物折合1万余元，多名会员参加了无偿献血活动。汉中市妇女联合会是保障当地女性权益的主要

[①]　乔小梅.陕西省社会组织参与精准扶贫的行动研究 [D]. 西北大学，2018.

[②]　贺琼.青年社会组织参与社会治理研究 [D]. 西北大学，2015.

组织，其主要职责主要是加强女性社会组织与妇联工作融合，缓解女性与家庭和工作间的矛盾，保护地区女性的合法权益，推动女性社会组织健康发展等[①]。汉中市妇女联合会调动女性社会组织的积极性、主动性和创造性，为推动地区妇女儿童事业做出了很大的贡献。

2. 经济合作类

经济合作类社会组织是指民间的经济类社会组织，具有自发性、自我管理性特征。陕南地区的经济合作类社会组织有经济协会、经济合作社、扶贫协会、食品生产协会等。农村专业合作组织的成立体现了农民经营制度上的创新，并以先进的组织方式为依托发展农村经济[②]。作为第三方扶贫力量，陕南地区的经济合作类社会组织在反贫困工作中逐渐积极转变身份，由精准扶贫向防止返贫转变。例如，商洛市消费扶贫协会通过选派专业技术人员对农村生计脆弱性农户进行培训和指导，帮助他们逐步掌握抵御各种风险的能力。这些专业技术人员可以提供农业生产方面的专业知识，教授科学的农作物种植、养殖和农业管理方法，以提高农户的生产效益和抗灾能力。

3. 社会服务类

社会服务类社会组织的主要职责是为群众提供服务与帮助，陕南地区的社会服务类社会组织有红白理事会、禁毒禁赌会、老年协会、信访协会、托养中心等。安康市老年协会主要有茉莉爱心公益联合会、紫阳县颐和康养服务中心、东城门社区老年人日间照料中心、紫阳县失能特困人员护理中心、紫阳县反哺堂养老公寓、紫阳县丽姐助学公益服务中心等。汉中市老年协会参与建设了社区小型敬老院、日间照料中心、居家社区养老服务站等，为年老无劳动能力的贫困老人提供帮助，给予生活保障。安康市信用协会定期开展关爱老年人和信用普及活动，在陕南贫困山区宣传并普及了社会信用体系建设和征信知识。安康艾德社会工作服务中心以陕南山区留守儿童为主要服务对象，通过开展各类社会工作，加强留守儿童思想道德建设和家庭教育指

① 孔令华.陕南地方政府治理创新研究 [D]. 长安大学，2018.
② 贺琼.青年社会组织参与社会治理研究 [D]. 西北大学，2015.

导。安康慈幼康复托养服务中心帮助残障儿童进行心理疏导，为残障儿童逐渐走出封闭提供社会服务和社会救助①。

4. 文化服务类

文化服务类社会组织是为改善群众精神文化生活、丰富群众兴趣爱好、提供文化服务而形成的社会组织。陕南地区的文化服务类社会组织主要有民间文艺家协会、作家协会、书法家协会、音乐家协会、舞蹈家协会，加强了陕南社区和乡村的文化建设，助力乡村振兴。例如，安康市曲艺家协会定期开展文艺志愿服务活动，通过配乐诗朗诵、快板、小品、歌曲等形式，融入创建全国文明城市元素，进行文化知识宣传，提高了群众爱护生活环境、创建文明成果的思想意识，增添了其获得感和幸福感。汉台区民间文艺家协会和汉台区音乐家协会的爱心志愿者为陕南地区贫困山区的留守儿童募捐文艺产品，定期举办文艺节目，提高了农村文化发展水平和农民文化意识。

5. 志愿公益类

志愿公益类社会组织是社会自发形成，为社会提供志愿服务的社会组织。陕南地区的志愿公益类社会组织主要有慈善协会、义工联合会、援助少年儿童协会、志愿者联合会、青年志愿者协会、爱心济困协会等。安康市养老协会定期组建志愿服务队到养老机构为老人理发、打扫卫生、护理老人饮食，到社区开展大扫除、清理野广告、文明交通劝导、文明城市创建宣传等志愿服务活动；联合安康市护理职业技能培训学校开展"安康养老大讲堂"，把文明城市创建内容纳入培训课程，普及创文知识。安康义工联合会利用微信公众平台、抖音等开展创文政策宣传，调动青少年志愿者参与创文的积极性，组织青少年志愿者深入张沟桥社区开展义务清扫活动。汉台区社会组织服务中心和汉台区爱无疆社会工作协会定期组织志愿者为贫困山区的老人提供生活用品，为行动不便的老人整理房间、打扫院子，针对部分长期空巢老人给予心理疏导②。安康市慈善基金会及教育志愿者协会定期为贫困山区家庭经济

① 凝聚社会组织力量，共建文明城市 [OL]. https：//mzj.ankang.gov.cn/Content-24575.html.
② 汉台区社会组织服务中心携手区级社会组织开展贫困老人志愿帮扶活动 [OL]. http：//mzj.hanzhong.gov.cn/hzmzjwz/jcxx/202101/b0df9e29cac34a7c8d5e708988c9a39e.shtml.

困难的学生提供助学金，助力贫困山区留守儿童接受教育。

（二）陕南社会组织作用

陕南的社会组织发展较为迅速，在参与资源管理和社会服务方面都起到了重要的作用。随着政府职能转变，越来越多的社会组织参与社会扶贫和乡村振兴，其中经济合作类、社会服务类和文化服务类社会组织对于推进防止返贫工作，以及乡村文化、产业、经济振兴等方面都贡献了巨大的力量。

1.参与社会扶贫

改革开放以来，中国农村扶贫开发成就举世瞩目，社会组织参与贫困治理成为中国特色扶贫开发的重要组成部分。社会组织的发展也见证了 30 多年中国贫困治理结构的变迁。农村社会组织作为基于本土的自发组织形式，在扶贫过程中展现出了一系列变化。这些组织具有志愿性、公益性和非营利性等基本特征，致力于解决农村贫困问题并促进社会发展。随着扶贫工作的推进，农村社会组织的自主性得到进一步加强[1]。匡远配和汪三贵指出，社会组织扶贫活动的内容主要集中于教育、医疗卫生、环境保护、宗教文化等扶贫开发领域，已涵盖救灾、扶贫、安老、助孤、支教、助学、就医等方面[2]。

2020 年，我国脱贫攻坚战取得了全面胜利，完成了消除绝对贫困的艰巨任务，如何防止脆弱户返贫成为后扶贫时代的发展重点。社会组织在稳定脱贫的过程中发挥了重要的作用。陕西省慈善协会依托中国社会扶贫网的大数据平台，设立了"中国社会扶贫网陕西省管理中心"，通过一网统筹、多网联动、双线推进、高效对接、规范运行的工作模式，完善了扶贫新体系。陕西省慈善协会先后入驻腾讯公益、支付宝公益等多个网络平台，策划众筹项目，对接社会扶贫网发布的脱贫需求。在 2019 年 "9·9 公益日" 活动中，"省慈善协会平台推介项目 726 个，省内外 120 万网民爱心捐赠，3 天网上筹款11921 万元，全年网上筹款 17536 万元"[3]。如今，中国社会扶贫网的推广运行

① 周晶.农村民间组织参与贫困治理的自主性研究 [D]. 华中师范大学，2017.

② 匡远配，汪三贵.中国民间组织参与扶贫开发：比较优势及发展方向 [J]. 岭南学刊，2010, 226（03）：89-94.

③ 赵浩义.后扶贫时代慈善工作的思考 [OL]. http://gongyi.people.com.cn/n1/2020/0612/c151132-31744679.html.

工作已成为陕西防止返贫工作的新抓手，也带动了更多慈善组织进入后扶贫时代的主战场。

汉中市方面，截至 2020 年底，全市有 500 余家社会组织主动投身脱贫攻坚，累计投入资金 9384 万元，帮扶贫困群众近 3.2 万人次。社会组织参与扶贫的内容不仅包括提高贫困人口的经济收入，而且包括为社会弱势群体提供一些基本的社会服务。汉中市的行业协会和商会等社会组织利用自身的行业优势和影响力，为贫困地区和贫困群众提供帮助，推动他们因地制宜地发展特色产业。教育类、培训类和科技类社会组织根据自身的专业领域和能力，积极进行科学普及工作，提高贫困地区的教育水平。医疗卫生类社会组织通过提供医疗技术支持、人才培训和急需设备援助等方式，协助贫困地区提升医疗水平并改善医疗服务设施。志愿服务组织则积极开展心理疏导、生活援助、专业社工服务等扶贫志愿服务活动，为贫困地区提供全方位的支持。汉中市的农业合作社等社会组织在资源引入方面采取了多种方式，与扶贫对象建立了农产品的产销合作关系，推动贫困村的特色产业市场化和产品商品化。它们通过建立产销合作、扶持农村电商平台等措施，帮助贫困地区实现农产品的市场流通，增加农民收入。此外，通过福彩公益金的支持，社会组织开展了养蜂、养牛等技能类培训项目，帮助贫困家庭提升自身发展能力，掌握具有市场需求的技能和知识，从而增加收入来源。在服务引入方面，汉中市的社会组织通过募捐筹集资金，开展了助学、助老、助残、助医等服务项目，注重关注贫困村留守儿童和孤弱老人的心理健康辅导，提供关爱和支持，并通过组织志愿者开展义诊、提供日常生活帮助等方式，为贫困地区的弱势群体提供实际的援助，改善他们的生活状况。这些社会组织通过引入资源和服务，不仅为贫困地区带来了实质性的改善，也促进了贫困村的经济发展和社会进步。它们帮助贫困家庭增加收入、提升技能，同时也为贫困地区的教育、医疗和社会福利提供了支持，为实现全面脱贫和可持续发展目标做出了积极贡献[1]。

---

① 张巍. 汉中社会组织建功脱贫攻坚 [J]. 中国社会组织，2019（07）：16.

安康市方面，安康市青年创业协会先后组织会员看望敬老院孤寡老人、爱心妈妈暖童心、红领巾圆梦、为农村留守儿童捐赠图书、为山区学校筹善款、为贫困学子减负担、为就业难村民送岗位、爱心拍卖捐赠等扶贫活动。为了营造扶危济贫的良好氛围，协会利用微信、网站、微博、简报等多种渠道和平台，在协会内部宣传扶贫活动的社会效益和公众影响力，使所有会员对扶贫工作有了更多的了解和更高的认识，提高了大家对扶贫工作的参与度。安康地区社会组织在扶贫的过程中有以下形式。首先，为贫困学子减轻负担。部分社会组织为贫困学生提供学费资助并发放生活补助，定期开展贫困大学生助学捐赠活动并发放助学金。其次，为敬老院老人及环卫工人提供社会救助。例如，2020年安康市紫阳县志愿者协会筹集5万多元物资，开辟环卫工人休息区，对紫阳县城100多名环卫工人开展慰问关爱活动，免费提供热水、取暖、乘凉、热饭等服务，还发放慰问金和日用品等。最后，为留守儿童提供教育机会。例如，安康市汉阴县农业协会和民建安康市直综合支部组织联合开展关爱汉阴留守儿童"大手拉小手"活动，带领留守儿童参观博物馆、观看教育电影等。安康协会汉阴工作站志愿服务队参与阳光学校送爱心关爱活动，参与县委宣传部、团县委、县妇联等部门发起的"相约中国梦·点亮微心愿·助力脱贫攻坚"贫困儿童、留守儿童关爱活动，工作站为铁佛寺安平小学、鹿鸣小学捐赠了多套桌椅[1]。

商洛市方面，截至2020年底，商洛市的122家社会组织通过多种形式积极参与脱贫攻坚工作，共投入价值超过2200万元的物资[2]。它们通过捐赠物资、提供技能培训和提供志愿服务等方式，为贫困地区提供支持和帮助。另外，43家市级社会组织还建了7个助力团队，专门致力于协助脱贫攻坚工作。它们与当地政府、社区和群众紧密合作，通过精准施策和有效措施，共同努力推动脱贫进程。为了筹措更多的资金和物资，这些社会组织积极争取

---

① 汉阴县民政局"四个坚持"推进民政事业高质量发展[OL]. https://mzj.ankang.gov.cn/Content-2501159.html.

② 2020年商洛市政府工作报告[OL]. 商洛市人民政府网站，https://www.shangluo.gov.cn/info/1107/44165.htm.

省、市慈善资金以及南京市慈善总会的物资支持，总计1700万元。此外，他们还争取到16万元的专项经费，用于支持贫困县开展社工服务等公益事业[①]。商洛市罗窑村在扶贫工作中采取了"股份经济联合社+种养合作社"和天香花合作社的发展模式，形成了一个以合作社为核心的扶贫产业发展体系。这一体系为村民提供了多种增收方式，包括集体经济分红、就近务工以及统一的科学管理种植养殖项目。通过这些方式，村民的收入逐渐增加，生产经营管理水平不断提升，集体经济的自我造血能力持续增强，从而有效放大了扶贫的带贫效应。在对景村镇的帮扶工作中，陕西省福彩中心充分利用景村镇的区位优势，探索了一种名为"两变"的帮扶方式。具体而言，他们将扶贫资金转化为贫困户的股金，并将贫困户转变为产业合作社的股东。在产业项目扶贫方面，重点发展了有机肥加工、红仁核桃产业和连翘种植等项目，并采取了入股分红的模式。通过提升扶贫产业项目的造血能力，这些项目可持续带动贫困户的收入增长。商洛市天健为老服务志愿者协会采取"大学生志愿者+为老服务等综合志愿活动"服务模式。疫情期间，商洛市救援协会向警察、执勤人员等抗疫一线人员和部分群众捐赠口罩、酒精等防疫产品。商洛市曙光应急救援协会积极参与三百行动，采取"定点社区服务+综合宣传+爱心车队"服务模式。党员带领所有会员协助商州区刘湾街道办事处元明社区疫情防控监测卡点及消杀工作，成立了一线医务人员"爱心车队"，并积极参加了无偿献血活动。

2. 助力乡村振兴

社会组织与乡村振兴具有内在一致性，作为乡村振兴建设的主要载体，社会组织在乡村转型与发展中发挥着重要作用。社会组织作为乡村振兴战略实施中不可或缺的力量，在组织引领、资源供给等方面拥有一定的优势[②]。2020年，陕西省积极组织了12个省级社会组织，协同挖掘社会资源，与乡村振兴项目对接，以提供公共服务、技术支持和实施帮扶项目等方式积极参

---

① 秦巴山区秦响 兜底脱贫最强音 [OL]. https://www.sohu.com/a/352192314_715614.

② 李任秋. 乡村振兴背景下农村社会组织协同发展的动力、障碍与策略 [J]. 农村经济与科技，2022，33（04）：79-81.

与。重点关注产业振兴、人才振兴、文化振兴、生态振兴和组织振兴等领域，与结对帮扶地区开展规模化的产业合作，共同打造了5~10个社会组织帮扶产业振兴示范区域。在鼓励公益慈善组织扎根乡村、参与农村社区服务体系建设方面，陕西省采取了一系列措施，特别是结合培育和发展社区社会组织的专项行动，鼓励公益慈善组织参与服务居民的工作。这些举措旨在培育更多服务乡村居民的公益慈善组织，使其在乡村社区中发挥积极作用①。积极鼓励行业协会、商会、慈善机构等社会组织发挥重要作用，通过组织和动员爱心企业、爱心人士等社会力量，推动购买乡村振兴重点帮扶地区的产品和服务，以积极助力乡村振兴。陕南地区社会组织参与乡村振兴模式如图3-1所示。

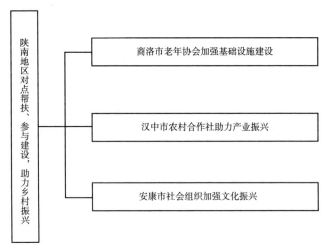

图3-1　陕南地区社会组织参与乡村振兴模式

商洛市方面，社会组织积极加强基础设施建设。商洛市老年协会在乡镇层面成立了县（区）学会的分会，通过推进乡镇老年学分会和老年协会的建设，采取以县促镇、以镇带村的方式，协助市（县）老龄办加强村级老年协会的恢复和组建工作。在建设健全学会、协会组织网络的同时，商洛市采取

---

① 杜朋举.陕西动员社会组织积极助力乡村振兴 [N].陕西日报，2021-08-03（004）.

了一系列措施来推动乐龄工程的实施，并协助老龄办不断增加全社会对城乡基层老年活动阵地和服务设施的建设投入。为了保障老年人文体活动和为老服务活动的经常性开展，商洛市建立了基层老年协会工作经费长效机制。这一机制确保了经费的稳定性和可持续性，为老年人的需求满足和活动开展提供了可靠的保障。同时，这也为老干部发挥作用提供了坚实的基础，激发他们的积极性和创造力[①]。首先，老年协会在地方社会组织参与和谐社会建设中扮演了模范和领导的角色，通过自我教育、自我管理和积极参与基层社会管理等措施，履行了多项重要职责。其次，老年协会在促进社区养老服务机构的试验示范建设和老年志愿者服务组织建设方面发挥了重要作用。商洛市的老年协会积极推动了互助幸福院的建设试点，并成立了多个居家养老志愿者服务队，关注空巢、高龄和失能老人。这些举措充分发挥了老年人在社区养老服务体系建设中的积极作用。最后，老年协会注重老年群体的文娱生活和正能量传播[②]。以具备文艺专长的老干部和老艺人为核心，老年协会组建了多支老年文艺团队。这些团队积极开展节日庆典活动，并在城镇文化广场和农村进行演出，同时还定期到敬老院和老年公寓进行慰问演出。通过这些文艺活动，老年协会发挥了老年人在文化建设中的传帮带作用，为老年群体提供了丰富多彩的文娱活动，同时弘扬了主旋律。

　　汉中市方面，农村合作社助力产业振兴。汉中市的农村专业合作组织在推动农村经济发展方面发挥着重要作用。首先，通过制度创新，这些组织促进了农村经济的繁荣。农村专业合作组织建立在稳定的家庭联产承包责任制的基础上，借鉴了发达国家农村经济发展的经验，在政府的引导下，农民自愿参与并形成了这些经济联合组织。这种组织形式在经营机制上进行创新，为农村经济的发展提供了有力支撑[③]。其次，农村专业合作组织的出现为农村

①　阎战友.搭建五个平台，展示银龄风采——对商洛市各级老年学学会（协会）组织老年人参与社会发展的调查与研究[C].新时代积极应对人口老龄化研究文集·2018，2018：610-615.DOI：10.26914/c.cnkihy.
②　商洛市商州区高度重视老年社会组织建设[C].陕西老年学通讯，2011，87（03）.
③　岳佐华.制度创新与制度环境应协同演进——汉中市农村专业合作组织的调查与思考[J].农村经济与科技，2007，173（03）：50-51.

人力资本的积累提供了契机。相比于过去陕南贫困山区农户自主经营、缺乏分工的模式，农村专业合作组织采用了高度分工的经营组织结构。这种变化不仅使农村经营组织能够满足市场经济的规模要求，还起到了农村人力资本的"蓄水池"作用，避免了"沉淀效应"导致的农村人力资本匮乏。当前，汉中市的农村专业合作组织大部分已经实现了相当程度的岗位分工，涵盖了会长、专业技术人员、营销人员、运输人员、信息收集人员等角色。这为一批有思想、有能力、善于经营的人才在农业领域发挥才华找到了机会，提高了农村人力资本的积累水平，并减少了人才外流的现象。最后，农村专业合作组织在促进特色产业发展方面发挥了重要作用。农产品具有生鲜性、时效性和季节性等特点，需要及时有效地进行销售和分销。传统的小农经济模式很难适应和满足市场的快速变化和需求的多样化。而农村专业合作组织通过资源整合和产品流通的加强，帮助陕南贫困山区农户提高了生产、分销和流通的效率。同时，市场经济强调品牌和信用效应，分散的个体农民很难在市场中建立起自己的品牌和信用，而农村专业合作组织通过联合个体农民形成集体力量参与市场竞争。这种组织形式不仅减少了交易频次和交易成本，而且通过组织的专业化协作形成了专业品牌，增加了信用资本。农村专业合作组织为农民创造了更有利的市场条件，提高了他们在市场竞争中的地位和竞争力，也为消费者提供了高质量、可靠的产品。

安康市方面，文化类社会组织发挥作用，积极参与文化振兴。文化振兴是乡村振兴之魂魄，文化兴则文明兴。安康市红白理事会抵制高价彩礼、赌博等陈规陋习，组织各类社会组织利用农家书屋、文化大院、乡村舞台等形式，多次面向农村开展各类宣讲、全民健身、戏曲和红色电影进乡村活动，提升了陕南贫困山区农户的文明素养，加快了农村先进文化建设。社会力量参与公共文化服务体系建设，对文化服务机构、公众都产生了积极影响。安康市老年大学运用公共文化服务资源，组织老年大学学员成立老年群体公共文化服务志愿组织[①]，通过广泛搭建老年人文化展示活动平台，以艺术普及、

---

① 秦毅.陕西安康："艺养天年"文化养老 乡村振兴歌声嘹亮 [N].中国文化报，2022-04-18（004）.

非遗传承、文化欣赏为核心内容，以培训、演出、展览、讲座、比赛等多种方式，探索出了让老年人享受文化服务、参与文化活动、创造文化成果的路径和方法，开创了"文化养老"的安康样板。这一举措旨在实现老年人娱乐、健身、文化、学习、消费、交流等方面的结合，符合国家对加强新时代老龄工作的重要部署。"文化养老"体现了新时代养老观念和养老方式的转变，将文化视为老年人养老生活中不可或缺的一部分，为他们提供精神层面的满足和丰富。通过文化活动的参与和享受，老年人可以保持积极的心态，拓宽眼界，增添生活乐趣，促进身心健康，展现新时代老年人全面发展的精神风貌。同时，安康市群众文艺团队、文化志愿者、文化社团等社会组织加强合作和交流，明确各主体的权利、义务、职责等，创新文化服务内容和形式，打造了形式多样、灵活方便的公共文化服务体系[1]。文化类农村社会组织在乡村文化思想建设中发挥着重要作用，紧密联系农民的生产和生活实际，通过农民易于接受的方式展现乡村传统文化，不断丰富其内涵，使其与时俱进。这些组织开展了多样化的文化活动，吸引了越来越多的农民加入保护、传承和发展乡村传统文化的行列中。同时，加强对非物质文化遗产和传统文化技艺的保护、传承、发展和扶持，将其打造成为安康市乡村文化振兴的重要推动力量。这些努力旨在让乡村文化焕发新的生机，为农村社区带来繁荣与发展[2]。

二　河西地区社会组织发展状况

（一）河西社会组织分类

河西地区的社会组织主要分为三种类型，分别为社会团体、民办非企业单位、慈善组织。根据民政局分类记载，张掖市社会组织主要分为社会团体、民办非企业单位和慈善组织；武威市社会组织分为社会团体和民办非企业单

---

① 段小虎，杨金印，梁增奎，闫小斌，许振宇.老城区公共文化供给改革新探索：铜川市王益区光明社区"一心多点"服务模式[J].图书馆论坛，2018，38（06）：24-30.

② 刘璐.后扶贫时代乡村文化振兴实现机制研究——以陕西安康为例[J].新西部，2020，509（10）：69-71.

位。根据社会组织的性质划分，本书将河西地区的社会组织划分为经济合作类、社会服务类、文化服务类、志愿公益类四类（见表3-2）。

表3-2　陕南社会组织分类

类别	代表性社会组织
经济合作类	农民专业合作社会组织、农副产品铁路运输协会、浙江工商会、保险行业协会、建筑业协会
社会服务类	老年协会、儿童关爱中心、爱心助学会
文化服务类	书法协会、音乐协会、体育社团
志愿公益类	公益社团、慈善协会、红十字会、志愿者协会

1. 经济合作类

河西地区的经济合作类社会组织主要包括农民专业合作社会组织、农副产品铁路运输协会、浙江工商会、保险行业协会、建筑业协会等。其中，农民专业合作社会组织占比最大，是指以家庭承包经营为基础，以农民为主要成员，围绕某个专业或产品组织起来的，在技术、资金、信息、购销、加工、储运等环节开展互助合作的经济和技术组织，是农民进行自我服务、自我发展、自我保护的一种行之有效的组织形式和经营模式[①]。

截至2020年底，武威市拥有各类农村合作经济组织1876个，入会农户达10万多户。其产业类型涵盖种植、养殖、加工和服务领域。其中，种植业占比为53%，养殖业占比为16.3%，加工业占比为7.0%，服务业占比为23.7%。根据组织层次，农村合作经济组织可分为以村为单位的、以乡为单位的和跨县乡的，分别占总数的69.8%、27.4%和3.8%。在发起方式上，由村委会和党支部牵头成立的占比最高，达到55.7%，由企业或部门牵头组建的占比为18.4%，由农民或村干部发起的占比为26.0%。全市农村合作经济组织对农户的覆盖面超过80%[②]。从地区分布来看，凉州区拥有最多的农业

---

① 任延龄.农村合作基金会非法从事金融业务活动的问题亟待解决[J].甘肃金融，1998（07）：56-58.

② 许登奎，翟同宪.发展农村合作经济组织的问题与对策——以甘肃省张掖市为例[J].山东省农业管理干部学院学报，2006（04）：33-34.

合作经济组织，其次是民勤县和古浪县。河西地区农村合作经济组织特点见
表 3-3。

表 3-3　河西地区农村合作经济组织特点

类型	特征
组织类型	以当地的主导产业或特色产业为依托，例如暖棚养殖协会、生猪营销协会、蔬菜营销协会等
组建形式	由能人或专业大户牵头兴办，形成"公司（企业）+合作组织+农户"的形式，分工特点为企业侧重于营销，农户负责生产，农村合作经济组织侧重联系和服务
组织方式	不改变家庭承包经营制度，同时尊重农民的生产经营自主权。农民可以根据自身的需要自主决定是否加入合作组织，并且可以自由选择是否退出
利益分配	为农户提供技术信息服务，与会员建立起相对稳定的购销关系，从而使双方获取利益

2. 社会服务类

河西地区的社会服务类社会组织主要包括老年协会、儿童关爱中心、爱
心助学会等。张掖市山丹祥瑞老年服务中心、玉门石油度假村养老服务中心
为老年人提供休息娱乐、健身活动的场所，解决了一些失能、半失能、留守、
空巢和独居老年人的生活照料问题，并参与"基地养老""候鸟式养老""暑
天度假城"等养老模式创新。当地老年协会参与创办养老示范基地，吸引当
地及周边省区老年人到此养老和南方老年人到此避暑度假①。张掖民乐县未来
星儿童关爱中心致力于帮助留守儿童实现健康成长，以填补他们在情感上的
缺失、提高道德素养为目标，专注于关怀留守儿童，并坚持"关爱儿童、守
护成长、用爱养育、用心教育"的原则。通过创造良好的生活和学习环境，
希望为孩子们提供一个温馨的家，激发他们的潜能和兴趣，以促进他们健康
成长。肃南裕固族自治县裕蕾爱心助学协会倡导并推出了牧童之家项目，旨
在为流动儿童提供一个安全稳定的学习、生活和娱乐场所。该项目不仅提供

---

① 刘向东，常俊. 武威市：探索如何做好社会组织监管工作 [J]. 中国社会组织，2015（13）：
30-31.

了一个场所，更提供了一个孩子与家长和监护人进行沟通和交流的平台，使他们能够在人生关键期阳光成长、快乐成长[①]。

3. 文化服务类

河西地区的文化服务类社会组织涵盖面广、发展迅速，主要包括老年协会、书法协会、音乐协会、体育社团等。武威市老年书画协会和武威市诗词楹联协会定期开展义捐义画、慰问养老机构、免费为市民书写春联等活动，为实现贫困山区老有所为、老有所乐做出了很大贡献。张掖市青少年社会音乐协会、群艺馆、文化馆等文化组织和机构培养青少年人才，提升青少年素质，并提供了音乐生就业岗位和就业补贴。随着改革开放的进一步深入，社会音乐教育蓬勃发展，相关文化服务类社会组织通过举办精彩的演出、专题讲座、专业培训和座谈会等形式，致力于提高群众对音乐文化的认知和技能水平[②]。河西地区部分武术、轮滑、篮球项目等相关体育社会组织进入校园开展体育社团活动，组织专业的教练指导学生进行体育锻炼，调动了学生参与体育活动的积极性，为学生提供系统的体育项目专业技术指导，使其较为熟练地掌握专业技能，并养成良好的体育锻炼习惯，丰富了学生课余体育项目种类，为终身体育打下坚实基础[③]。

4. 志愿公益类

河西地区的志愿公益类社会组织主要有公益社团、慈善协会、红十字会、志愿者协会等。志愿服务是社会文明进步的重要体现，也是培育和践行社会主义核心价值观的重要举措。通过志愿服务，可以弘扬社会公益精神，传递爱心和关怀，促进社会的和谐与发展。志愿服务不仅是一种行动，更是一种态度和价值观的体现。近年来，河西地区的志愿服务组织和志愿者开展了形式多样的志愿服务活动，对推进贫困山区精神文明建设、维护社会和谐稳定、增进民生福祉发挥了重要作用。疫情防控期间，武威市志愿者协会组织党员

---

① 培育发展社区社会组织，助力建设幸福美好家园 [OL]. http://www.zhangye.gov.cn/mzj/dzdt/gzdt/202211/t20221108_934425.html.

② 周鸿德. 张掖市青少年社会音乐教育机构概况综述 [J]. 音乐大观, 2014（05）：179.

③ 体育社会组织进校园成为激发体教融合发展新活力 [OL]. http://www.zhangye.gov.cn/dzdt/bmdt/202204/t20220421_832530.html.

到贫困山区参与防控工作，并呼吁社会各界捐款捐物，共接收社会各界款物143万余元。临泽县思源慈善救助协会、枣乡公益慈善协会、弱水公益慈善协会定期开展扶危济困、爱心捐助、扶残助老、公益劳动等志愿服务活动，为祁连山区农村提供了很大的帮助。

（二）河西社会组织作用

河西地区社会组织结合自身实际，充分发挥自身优势，通过结对帮扶、捐资捐物、助学助医、技术服务、投资兴业、合作共建等多种形式参与乡村振兴。

1. 参与乡村产业振兴

河西地区的农村合作经济组织在推动农村经济发展、有效解决"三农"问题方面发挥着不可替代的作用。按照"农民自愿、市场运作、多元发展、逐步推进"的原则，张掖市和武威市积极推动农村合作经济组织的发展。通过组建各类专业合作社和专业协会，形成了多种类型的合作组织模式。例如，以能人大户为核心的农户联合型组织，这种模式是在农民自愿的基础上，由农村中的富裕农户带动其他农户。通过合作，农户实现资源共享、风险分担和技术互助，提高了整体经济效益。对于以龙头企业为主导的贸工农一体型组织，大型企业扮演着引领和带动的角色，与农户合作开展农业生产、加工和销售。这样的组织形式促进了农产品加工和销售环节的优化，提高了农产品的附加值和市场竞争力。对于以专业市场为中心的市场牵动型组织，这种模式以农产品专业市场为核心，通过市场需求引导农户的生产和经营活动。市场的引导作用使农产品供需更加平衡，促进了市场化经营和农民收入的增加。这些不同类型的组织形式丰富了农村合作经济组织的结构，提高了农民的组织化程度[1]。

河西地区农村合作经济组织服务于农业、农村、农民，以维护和实现农民利益为根本目的和基本要求，主要做法有以下四点。一是着眼于发展壮大制种、草畜、果蔬和轻工原料四个主导产业，通过与农产品加工领域的龙头

---

① 贾琼.培育专业合作经济组织，推动农村市场经济发展——甘肃省酒泉市、张掖市农村专业合作经济组织调查报告 [J]. 发展，2004（02）：58-60.

企业合作，建立了以加工为导向的合作组织。例如，甘州区党寨乡成立了脱水蔬菜协会和番茄协会，推动农产品加工产业的发展。二是解决农产品销售难题，发展流通型合作经济组织，通过壮大运销大户，逐渐形成规模化的经营模式。例如，高台县巷道乡蔬菜协会和甘州区二十里堡乡的养牛协会等组织，促进了农产品的流通与销售。三是整合农村各类资源，加强基层组织的服务功能，形成服务型合作经济组织。例如，临泽县的玉米制种协会通过整合农村资源，提供更加专业化的服务。四是注重加强农业科普力量，提高农产品的竞争力，并建立科技型合作经济组织。

河西地区农村合作经济组织对乡村产业振兴的主要作用可归纳为以下三个方面。

第一，通过提高脱贫山区农民的市场竞争能力，专业合作经济组织有效增加了农民的收入。这些组织以市场为导向，引导农民进行专业化生产和规模化经营，将分散的农户有机地结合起来，按照市场需求组织生产和销售。这种方式提升了贫困山区农民在市场中的竞争能力，从而增加了他们的收入。此外，专业合作经济组织将广大农民统一组织在一个利益共同体中，形成了自我保护机制，抵御各种风险，降低了进入市场的交易成本。这种组织形式有助于保护农民的利益，并最大限度地实现利益最大化。通过专业合作经济组织内部的利润分配机制，合理分配内部效益，将获得的利润返还给农民，从而增加他们的收入，为稳定和增加农民的收入开辟了新的来源。以凉州区怀安乡的养猪大户为例，他们自发成立了生猪营销协会，将本地及附近乡村的生猪销售到天水、兰州、金昌、民乐等地，从而增加了每头生猪的利润。同样地，凉州区金沙乡是武威市白菜、萝卜等大陆菜的主产区，为了拓宽销售渠道解决"卖难"问题，乡政府组织成立了蔬菜营销协会，使白菜、萝卜等农产品销往青海、新疆等外省区，进一步增加了农民的收入[①]。

第二，加快了脱贫山区农业新技术的推广应用，提高了农业科技含量。

---

① 高雪莲. 发展合作经济组织 完善农村经济体制——对武威市农村合作经济组织发展情况的调查与思考 [J]. 甘肃农业，2003（11）：22-23.

河西地区的专业合作经济组织与大专院校、科研单位、职能部门合作，通过科技培训班、科技示范户的培养以及新技术的开发等方式，加快了农业高新技术的普及和推广，提高了农业的科技含量。例如，古浪县海子滩镇马滩村蔬菜专业协会组织县园艺站的技术人员进行科技培训和指导，并举办科技讲座，使协会会员更深入地了解无公害蔬菜生产和病虫害防治的新技术。专业合作经济组织的建立还优化了农村生产要素的配置，包括资金、技术、人才、劳力和土地等。农民通过参与专业合作经济组织的农业产业化经营，可以有效地防范市场风险。例如，凉州区和平镇中庄奶牛养殖协会依托政府提供的信贷和税收优惠政策，为全村奶农提供资金和技术支持，与兰州好为尔生物科技有限公司合作收购鲜奶并建立奶源基地，形成了完整的奶产业链。这种合作模式有效地推动了奶牛养殖产业的发展，全村人均收入增加了约千元。通过专业合作经济组织的推动，脱贫山区的农民不仅增加了收入来源，还提高了科技素质和农业生产效益，进一步促进了脱贫致富。

　　第三，专业合作经济组织的建立在脱贫山区发展中发挥了重要作用，其中一个方面是健全了农业社会化服务体系，同时完善了农村市场经济体制。专业合作经济组织根据农民生产经营的特点，通过灵活的机制和健全的网络为农民提供优质的产前和产中服务，填补了乡村集体经济组织和职能部门服务不足的空白，提高了农民自我服务的水平。例如，古浪县黄花滩乡的路滩村麻黄草种植协会依托县制药厂建立了麻黄草生产基地。该协会与农户签订麻黄草收购合同，明确了最低保护价，向参会会员提供优质的麻黄草种子，并进行《生产技术规程》培训。协会统一供种、统一收购，为会员提供一体化服务。通过专业合作经济组织的推动，脱贫山区农民获得了更加便捷和高效的服务，进一步提高了农民的生产效益。这种组织形式不仅加强了农民之间的合作和协作，还增强了农民的自主性和自我管理能力，为农村市场经济的发展创造了良好的环境。2020年底，全村向县制药厂交售麻黄草150吨，实现销售收入15万元[1]。

---

① 郭志强.发展合作经济组织，完善农村经济体制——武威市农民合作经济组织发展情况的调查与思考[J].甘肃农业，2006（03）：52-53.

2. 推动乡村人才振兴

河西地区的社会服务机构充分发挥人才和专业上的优势，积极参与并融入乡村社会工作和志愿服务平台的建设与运营，推动法律服务、社会工作服务、志愿服务、技术改造服务等多个领域的人才深入乡村，为乡村注入活力。这些社会服务机构通过提供法律咨询、法律援助等法律服务，帮助农民解决法律问题，维护他们的合法权益。技能培训机构和学术类社会组织充分发挥学科和技术优势，通过举办技能培训、推广科技成果、提供技术咨询等方式，支持农技培训、返乡创业就业培训和职业技能培训的全面发展，为培养高素质农民、农村实用人才和创新创业带头人提供有力支持，助力乡村地区发展特色产业。

在提供就业岗位方面，2020 年河西地区社会组织参与"百万就业见习岗位募集计划"，面向高校毕业生，结合河西地区发展要求合理设置见习岗位条件。鼓励用人单位（社会组织）对见习人员积极留用，对未留用人员根据求职需要，促进实现就业[①]。一些就业容量大、管理技术科研岗位比重高的社会组织积极申报就业见习基地，以便享受就业见习补贴政策。同时，它们开发灵活就业岗位，鼓励和支持就业困难人员在社区内就业。为了增加灵活就业机会和加强就业岗位信息收集，社会组织加强了管理工作，并推动跨界融合和业态创新。它们通过多个渠道向劳动力市场、人才市场和零工市场集中投放就业机会，还参与零工市场的就业服务，为灵活就业人员提供职业指导、职业介绍、创业开业指导以及权益维护等公益性服务。

河西地区的社会组织结合自身的业务范围，与行业协会、商会和企业进行联动，通过线上线下的方式搭建就业对接平台。它们重点挖掘特色产业和现代服务业等领域的岗位信息，了解用人单位的类型、岗位数量和专业技能要求，并收集发布行业就业信息。它们积极提供就业对接和部门工作对接服务，开展行业协会和商会的专项工作，创新行业、产业和专业的对接模式。依托"24365"国家大学生就业服务平台集中发布岗位需求信息，推动人才

---

① 关于推动社会组织进一步助力高校毕业生等群体就业工作的通知 [OL]. https：//www.gov.cn/zhengce/zhengceku/2022-07/12/content_5700590.htm.

供需的双向促进。同时，它们组织高校大学生到社会组织开展就业对接、实习实践、志愿服务和社会公益等活动，提高高校毕业生到社会组织及其会员单位、理事单位就业的积极性。社区社会组织依托"五社联动"机制，收集、发布和对接便民服务岗位信息，方便困难群众就近就业。此外，它们还支持社会组织联合会、慈善联合会等社会组织搭建业内就业信息平台，推动社会组织人才队伍的专业化和职业化建设。

在参与就业培训方面，河西地区的社会组织根据自身的特点，积极组织专题培训，旨在提升社会组织从业人员的能力水平，并拓宽从业人员的培训和培养渠道。针对经济类行业协会和商会，它们开展专业培训活动，旨在为会员单位提供有针对性的培训课程。社区社会组织和社会工作服务机构面向城乡劳动力开展技能培训，致力于提升他们的就业竞争力。它们还支持志愿服务组织深入高校、园区、企业和社区开展就业辅导服务，为就业者提供专业指导和支持。为满足市场需求，社区社会组织和社会工作服务机构积极开展技能培训，重点关注高校毕业生、城镇青年、退役军人、农村转移就业劳动者、脱贫人口、失业人员、个体工商户以及就业困难人员（包括残疾人）等群体的培训需求。职业教育类社会组织利用自身培训资源优势，依法依规开展职业培训、高技能人才培训、急需紧缺人才培训、转岗转业培训、储备技能培训和通用职业素质培训等。它们积极开展养老、托育、家政等领域的社会组织从业人员技能培训，并广泛涉及新业态和新模式的从业人员技能培训。它们创新校社合作模式，鼓励社会组织与职业院校、技工院校共建实训基地，通过校社双师带徒、工学交替等方式，推动开展订单、定岗、定向式人才培养，加强人才供需对接，满足社会组织领域对急需紧缺人才需求，助推社会组织高质量发展。

3. 提供社会治理服务

河西公益慈善类社会组织通过设立慈善项目、发动社会募捐、开展志愿服务等形式，协助做好农村"三留守"人员、失能特困老年人、孤儿、事实无人抚养儿童关爱服务，对困难家庭学生给予教育资助。各类城乡社区社会组织，特别是专业社会工作机构，充分发挥源头治理优势，积极参与风险排查和群防群治工作，为社区的稳定和安全做出贡献。它们主动介入解决家庭纠纷、邻里纠纷、农村土地承包经营纠纷等问题，促进社区的和谐与稳定。此外，社会组织也积极参与农村环境卫生维护、养老服务、青少年照护、防灾救灾等工作。

在社会服务与教育方面，张掖市社会组织有序参与乡村振兴建设，巩固拓展脱贫攻坚成果同乡村振兴有效衔接，特别是慈善类社会组织发挥了积极作用。例如，2021 年，张掖市慈善协会筹资 8 万元在临泽县沙河镇闸湾村设立"慈善社工站"，慰问 40 户已脱贫建档立卡贫困户、低保家庭、残疾人家庭、重病患者及其他特殊困难家庭。河西地区的社会组织联合当地企业创办慈善助学工程，为贫困户家庭大学生发放助学金，例如，德农种业股份公司张掖分公司开展的鲁冠球三农扶志基金"四个一万工程"慈善助学工程已连续实施 5 年，为全市62 名低收入家庭大学生资助助学金 88 万元。临泽县思源慈善救助协会、郭明义爱心团队、共青团临泽县委员会共同帮扶低保家庭，捐助产品和生活必需品。

在文化服务方面，随着农村社会经济结构的巨变，我们对文化建设提出了更高的要求。然而，由于地方政府在财力、人力、物力等方面资源受限，贫困山区的文化建设存在不平衡和不充分的现象，供需矛盾没有得到有效解决。虽然一些条件较好的农村地区基本达到了国家建设标准，但河西地区的贫困山区仍未达到相应标准，文化服务供给存在不均衡的问题。在这种情况下，农村社会组织的参与对于乡村文化建设起到了重要作用，弥补了政府供给的不足，能够敏锐捕捉到村民的文化需求，并丰富了乡村的文化供给。作为乡村文化建设的直接受益者，村民对于需要什么样的文化产品、文化活动、文化服务有最直接的认知和体会，这些是政府无法精准掌握的。而社会组织为村民提供了一个可以表达文化需求的平台。一方面，村民可以直接向社会组织表达他们的文化需求意愿，将有关乡村文化建设的意见直接反馈给相关供给主体；另一方面，一些具备文艺专长的村民也可以选择加入适合的社会组织，直接参与乡村文化建设①。通过社会组织的参与，乡村文化建设可以更加贴近村民的需求，提供丰富多样的文化活动和服务。这种参与形式不仅能

---

① 黄军.社会组织参与乡村文化建设：价值意涵与逻辑进路 [J].兴义民族师范学院学报，2021，134（04）：59-62.

够满足村民的文化需求，还促进了社区的文化传承与创新，增强了乡村的凝聚力和向心力。同时，社会组织也可以充分发挥自身的专业优势，组织和推动各类文化活动，提供相关的文化培训和指导，培养乡村文化的传承人才，为乡村振兴注入新的活力和动力。河西地区的社会组织，特别是一些具有慈善性质的组织，以筹集人力和物力资源的方式，结合当地乡村的实际情况，为河西贫困山区提供满足农民实际需求的文化产品。举例来说，临泽县老年协会通过开展小戏、小曲、音乐快板等形式的活动，为贫困山区的老年人提供了丰富的文化服务。这些慈善和文化类的社会组织为贫困山区的文化发展贡献了不可或缺的力量。

三　两地社会组织比较分析

（一）共性分析

1. 社会组织登记较少，规章制度不完善

首先，陕南和河西一个比较突出的共性问题是社会组织登记较少。在中国，大部分社会组织属于社会团体这一分类。根据《社会团体登记管理条例》第十条的规定，成立社会团体必须具备六方面条件，例如：拥有 50 个以上的个人会员或 30 个以上的单位会员；个人会员、单位会员混合组成的，会员总数不得超过 50 个；有规范的名称和相应的组织机构；配备与其业务活动相适应的专职工作人员。这些条件对于农村社会组织来说，可能存在一定的难度。由于农村地区人口较少，单位数量相对较少，农村社会组织在满足会员数量要求方面可能遇到一些困难。此外，由于资源有限、财力相对较弱，农村社会组织在招募和维持专职工作人员方面也可能面临一些挑战。因此，针对农村社会组织的特殊情况，可以考虑相应的政策和措施，为其成立和发展提供支持和便利。例如，可以放宽人员要求，降低会员数量的要求；鼓励社会团体之间进行合作和联合，共同开展项目和活动；提供培训和指导，帮助农村社会组织提升组织管理和运作水平。这样才能够更好地促进农村社会组织的发展，发挥其在农村社区建设和服务中的作用。陕南和河西地区都是地域广阔、人口分散，社会组织的种类繁多。特别是一些由贫困山区农民自发组成

的社会组织，规模不一，部分组织尚未合法登记，缺乏固定的场地和稳定的经费来源。其次，规章制度不规范。陕南和河西地区的一些社会组织，特别是经济合作类社会组织，缺乏健全的规章制度，运作不规范。农民专业合作经济组织主要依赖个别能人来管理和运作，个人的权威成为维系组织的主要因素，大多数组织没有建立起制度性的管理体制，制度建设相对薄弱。即使存在各种规章制度，也往往只是名义上存在，没有得到有效实施。此外，一些合作组织只是形式上的合作组织，并没有开展实质性的服务。组织内部缺乏真正的利益连接机制，会员与协会之间的关系松散，没有形成真正的"社员"与"合作社"的紧密关系[1]。

2. 参与社会服务与社会建设比较密切

农村社会组织在构建和谐社会方面扮演着重要的角色。随着国家进入新时代，实现社会治理现代化、扩大基层民主范围和完善社会管理体制的目标需要农村社会组织的积极参与。特别是在推进乡村振兴战略的过程中，农村社会组织扮演着重要的行动者和辅助者的角色。陕南和河西地区的社会组织作为第三方力量，为参与社会治理和建设做出了巨大的贡献[2]。例如，陕南地区老年协会采取以县促镇、以镇带村的办法，协调各级老年协会，逐步扩大了养老服务保障范围，在健全学会、协会组织网络的同时，通过制定规划、提出方案，不断增加全社会对城乡基层老年活动阵地和服务设施的建设投入，体现了服务类社会组织在社会服务、养老方面的极大作用。河西地区的农村专业经济协会极大地推动了农村经济发展，有效解决了"三农"问题。当地积极组建各类专业合作社和专业协会，加速推动农村合作经济组织的发展，形成了多种发展模式，提高了农民的组织化程度。这些发展模式包括以能人大户为核心的农户联合型、以龙头企业为主导的贸工农一体型、以专业市场为中心的市场牵动型、以名牌产品和特色产业为依托的产业带动型、以

① 马桂琴，王小明，王勤礼. 河西欠发达地区农村专业合作经济组织发展现状与对策 [J]. 中国农学通报，2006（06）：529-531.

② 杨愫. 乡村振兴视域下西南民族地区农村社会组织发展现状与优化对策 [J]. 经济研究导刊，2021，482（24）：19-21.

改制后的供销合作社为主体的服务型以及基层组织转变职能形式的组织引导型等六种合作经济组织发展模式，提高了农民的组织化程度[①]。

（二）区别分析

1. 社会组织侧重点不同

陕南社会组织发展比较全面，服务类社会组织发展较好，河西更注重发展农村合作经济组织。陕南地区的社会组织主要分为服务类组织和文化类组织两大类。服务类组织包括老年协会、扶贫协会等，致力于为特定群体提供各种服务和支持。文化类组织则涵盖各种文学组织、书法组织和环境保护协会等，推动文化艺术的发展和环境保护的实施。需要注意的是，在实际的农村生活中，各社会组织的功能并不是固定单一的，而是交叉重叠的。每个社会组织都有可能承担除了其主要职责之外的功能，根据实际需要，它们在不同的领域上开展合作[②]。侧重点不同是由于陕南具有独特的地理位置和城市定位，大力发展旅游业，注重社会服务建设，其社会组织相应参与了社会治理和生态环境保护；河西地区顺应"十四五"河西走廊经济带发展规划，大力发展经济，在社会组织方面体现为经济类社会组织的规模性发展，包括社区性合作经济组织、农村社会组织经济合作社等。例如，在武威市，农民合作经济组织主要分为两种类型：社区性合作经济组织和新型农民专业合作经济组织。社区性合作经济组织也被称为乡村集体经济组织，以农户集体拥有的土地和其他基本生产资料为基础，主要承担以下职能：为农户提供生产服务、协调处理社区范围内的各种利益关系、组织开发集体资源以及积累集体资产。这种类型的组织在农村社区中起到了重要的组织和协调作用，促进了农民的共同发展和利益保障[③]。

2. 社会组织聚集密度不同

陕南地区社会组织较为分散，河西地区社会组织较为密集。陕南地区社

---

① 贾琼. 培育专业合作经济组织 推动农村市场经济发展——甘肃省酒泉市、张掖市农村专业合作经济组织调查报告 [J]. 发展，2004（02）：58-60.

② 杨愫. 乡村振兴视域下西南民族地区农村社会组织发展现状与优化对策 [J]. 经济研究导刊，2021，482（24）：19-21.

③ 郭志强. 发展合作经济组织 完善农村经济体制——武威市农民合作经济组织发展情况的调查与思考 [J]. 甘肃农业，2006（03）：52-53.

会组织主要以社区和乡村为中心，呈现发散式发展状态，社会组织分类较多，具体分布较为松散。陕南地区区域面积较大，城市发展迅速，进一步拉大了城市与农村的差距，在此基础上社会组织也呈现二元分化的问题，城市与农村的社会组织分化较为明显。加之陕南地区的社会组织种类较多，涵盖范围较广，分布较为分散，社会组织之间的联系较少，不同类型组织之间缺少横向的合作和交流，紧密程度较低。河西地区的经济类社会组织发展较为迅速，逐渐形成了以农民专业合作经济组织为主，各类经济组织共同发展的组织形态。当地的经济组织围绕河西地区主导产业或特色产业，如暖棚养殖协会、生猪营销协会、蔬菜营销协会等，由能人或专业大户牵头成立，形成"公司（企业）+ 合作组织 + 农户"的形式，在保护家庭承包经营权和农民生产自主权的前提下，农民可以根据自身的生产经营需求进行农业生产。不同类型的经济组织之间建立了紧密的联系，形成了"产业 + 组织 + 农户"的综合模式。

第三节　问卷设计与数据收集

一　问卷设计

本次问卷以"农村社会组织与农户社会状态对农户生计产生的影响"为主题，在参考众多学者关于农户生计与社会组织调查研究的基础上，设计了本次有关农户生计的调查问卷，在反复修改之后最终问卷包含四个方面的内容。

第一部分主要是了解农户个人与家庭的一些基本情况。例如，家庭成员年龄大小、健康状况。设计本部分内容主要目的是了解调查农户发展生计的潜力，通过了解农户的个体特征，如被调研者的年龄、受教育程度及健康状况等信息，可以为后续测算和分析农户社会状态、生计资本、生计风险应对能力等收集数据。

第二部分主要是了解农户所在地区的社会组织状况。通过了解农户所在地区的社会组织状况、加入社会组织的意愿、加入社会组织的成效、与亲友的关系与联系频繁程度等，为后续分析社会组织与农户社会状态对农户生计产生的作用、影响及农户应对风险的能力收集数据。

第三部分主要是对农户的生计资本进行调查。根据自然资本、物质资本、金融资本、社会资本、人力资本的分类，涉及内容主要包括家庭耕地拥有量、年末家庭实际耕地种植情况、基础设施评价、住宅与交通情况、劳动力、基本类与耐用类生活物资拥有情况、家庭收入等相关问题。这部分问题为测算和评估农户生计资本存量与结构、分析农户面临的生计风险提供数据支撑。

第四部分主要是农户生计风险应对策略方面的调查。设计的相关问题根据金融风险、健康风险、环境风险、社会风险、信息风险五个方面展开。农户的应对策略包括低价出售农产品、向亲朋好友求助、向社会组织求助、外出务工、动用存款等，通过进行访谈来了解农户的预防措施、补救措施、首选应对策略及应对策略组合。

二　数据调查

本次调研数据收集主要在陕南汉中市、商洛市、安康市，以及河西武威市、张掖市内展开，采用分层随机抽样选择研究区目标县（区）典型乡（镇）的村域开展抽样调查。根据问卷设计情况和村民配合程度，结合研究主题选取相应的指标，设计合理可行的调查问卷，并经过两次预调查完善问卷设计后，开展正式调查。受疫情影响，调查时间持续较长，最终于2022年8月完成正式调查，其中：陕南地区总访问量为600户，最终整理后的有效调查问卷数量为573份，问卷有效率为95.5%；河西地区总访问量为300户，最终整理后的有效调查问卷数量为283份，有效率为94.3%。调研有效问卷具体分布情况如图3-2所示。

陕南调查分别在安康市紫阳县，汉中市汉台区、城固县、南郑区，商洛市商州区5个县（内）内展开，各样点村有效调查问卷分布如图3-3所示。

農村社会組織助力穏定脱貧：以陝南与河西為例

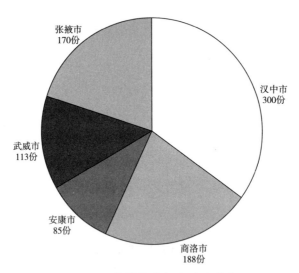

图 3-2　有效调查问卷地区分布

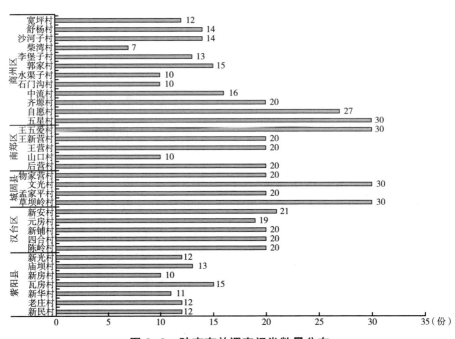

图 3-3　陕南有效调查问卷数量分布

河西调查地点分别在武威市凉州区、古浪县，以及张掖市甘州区、肃南裕固族自治县、民乐县，按照村庄务农人数挑选多个样点村进行问卷调研，有效调查问卷数量分布如图 3-4 所示。

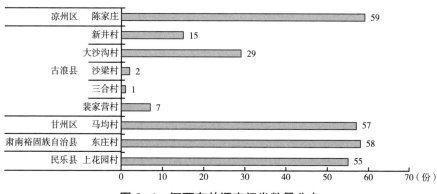

图 3-4　河西有效调查问卷数量分布

表 3-4 展示了本次受访者基本情况，包含农户年龄、性别、受教育程度、健康状况以及家庭总人口。对于陕南地区，受访者年龄在 21~50 岁的农户占样本总量的 73.1%，是农村务农的主体，说明研究区域内存在老龄化问题且年龄大的农户缺乏应有的保障；从性别可以看出，研究区农户男性人员与女性人员基本持平，说明女性也是农户家庭的主力军；从受教育程度可以看出，研究区域内初中人数最多，占比高达 52.4%，说明初中毕业后务农是大多数人的选择；从健康状况来看，选择身体状况良好的农户有 318 人，其次是身体状况一般的农户有 176 人，说明与河西地区相比，陕南地区农户身体健康状况整体偏差。

河西地区受访者中 36~50 岁占比最大，达到了 76.3%。从性别比例来看，男性受访者略多于女性，男性占比 58.0%，女性占比 42.0%。在受教育程度方面，河西地区受访者的学历分布较为广泛，但整体受教育水平不高。健康状况方面，表现为"良好"的占 25.4%，"很好"的占 52.7%，显示出该地区大部分人的健康状况较好。在家庭总人口方面，3~4 人占比 64.7%，5~6 人占比 28.6%，表明河西地区以中等规模的家庭为主。此外，河西地区受访者中无健康状况"非常差"的人员，且家庭总人口为 6 人以上的占比为 3.5%，显示出该地区的家庭结构相对稳定，极端健康状况较少。

表 3-4　受访者基本特征

单位：人，%

指标	类别	地区	频数	占比
年龄	20 岁及以下	陕南	92	16.1
		河西	5	1.8
	21~35 岁	陕南	188	32.8
		河西	40	14.1
	36~50 岁	陕南	231	40.3
		河西	216	76.3
	51~65 岁	陕南	38	6.6
		河西	21	7.4
	66 岁及以上	陕南	24	4.2
		河西	1	0.4
性别	男	陕南	289	50.4
		河西	164	58.0
	女	陕南	284	49.6
		河西	119	42.0
受教育程度	小学及以下	陕南	71	12.4
		河西	66	23.3
	初中	陕南	300	52.4
		河西	158	55.8
	高中或中专	陕南	114	19.9
		河西	46	16.3
	大专或本科	陕南	74	12.9
		河西	9	3.2
	本科以上	陕南	14	2.4
		河西	4	1.4

续表

指标	类别	地区	频数	占比
健康状况	非常差	陕南	2	0.3
		河西	0	0.0
	较差	陕南	2	0.3
		河西	10	3.5
	一般	陕南	176	30.7
		河西	52	18.4
	良好	陕南	318	55.5
		河西	72	25.4
	很好	陕南	75	13.1
		河西	149	52.7
家庭总人口	1~2 人	陕南	262	45.7
		河西	9	3.2
	3~4 人	陕南	267	46.6
		河西	183	64.7
	5~6 人	陕南	44	7.7
		河西	81	28.6
	6 人以上	陕南	0	0.0
		河西	10	3.5

三 变量选取

农户生计资本、生计风险、应对策略选择及加入社会组织是多种因素影响的结果。本书从农户实际情况出发,分析农户对社会组织信任程度、社会组织拥有自身管理机构情况等因素对农户生计资本、生计风险、生计风险应对策略及加入社会组织的影响。具体分析如下:农户是农村地区活动主体,其所拥有的生计资本、面临的生计风险、生计风险应对策略的选择、是否加入社会组织以及加入社会组织类型会因所在地区社会组织结构差异而不同。变量的设置与说明详见表 3-5。

表 3-5　变量设置

变量类型	变量名称	变量说明及赋值
因变量	生计资本	人力资本；物质资本；自然资本；金融资本；社会资本
	生计风险	金融风险；健康风险；环境风险；社会风险；信息风险
	生计风险应对策略	低价出售农产品 =0；向亲朋好友求助 =1；向社会组织求助 =2；动用存款 =3；外出打工 =4
自变量	加入社会组织	是否加入社会组织。否 =0；是 =1
	加入服务类	是否加入服务类社会组织。否 =0；是 =1
	加入互益类	是否加入互益类社会组织。否 =0；是 =1
	加入慈善类	是否加入慈善类社会组织。否 =0；是 =1
	信任程度	对社会组织信任程度。非常不信任 =1；较为不信任 =2；一般 =3；较为信任 =4；非常信任 =5
	部门设置情况	社会组织拥有自身管理机构情况。全部没有 =1；几乎没有 =2；少部分有 =3；大部分有 =4；全部都有 =5
	任务划分情况	社会组织工作任务划分。完全不明确 =1；较为不明确 =2；明确 =3；较为明确 =4；非常明确 =5
	经营情况	有经营来源 =1；无经营来源 =0
	人员管理情况	社会组织人员管理情况。完全无效 =1；较为无效 =2；一般 =3；较为有效 =4；非常有效 =5
	所属地区	商洛市 =0；汉中市 =1；安康市 =2；武威市 =1；张掖市 =2；河西 =1；陕南 =2

第四节　研究方法及指标体系构建

一　研究方法

（一）熵值法

熵值法可以考虑到不同指标所提供的信息量差异，计算值反映不同指标信息量大小，削弱人为主观因素的干扰，使得计算结果更加客观。本书参考已有学者的研究[1][2]，使用熵值法对指标进行赋权，获得陕南和河西农户生计资本、生计风险的综合评价结果。

（二）多元回归模型

多元回归模型是基于对大量样本的观察，分析多个因素影响下，单个观察变量如何变化的分析方法。为了揭示农户生计资本、生计风险、生计风险应对策略、农户是否加入社会组织、加入社会组织类型、社会组织结构及所属地区等重要因素之间的关系，本书以农户生计资本、生计风险、生计风险应对策略为因变量，以加入社会组织、加入服务类、加入互益类、加入慈善类、信任程度、部门设置情况、任务划分情况、经营情况、人员管理情况及所属地区等为自变量，建立因变量与自变量之间的多元回归方程，其一般形式如下：

$$Y = \beta_0 + \beta_1 X_1 + \beta_2 X_2 + \cdots + \beta_k X_k + \varepsilon \qquad （3-1）$$

其中，β_0、β_1、β_2、β_k为估计系数，ε表示随机误差。

（三）多元 Logistic 回归模型

该模型用于判断潜在因素对事物的影响。本书使用多元 Logistic 回归模型分析农户生计风险应对策略选择的驱动因素，并选择"$Y=0$"（表示农户选择低价出售农产品策略）为对照组。$X_1 \sim X_k$表示农户生计风险应对策略选择的影响因素，Logistic 回归模型表示如下：

$$P_j = \frac{e^{x_1 + \beta_{j1} X_1 + \beta_{j2} X_2 + \cdots + \beta_{jk} X_k}}{1 + e^{x_1 + \beta_{j1} X_1 + \beta_{j2} X_2 + \cdots + \beta_{jk} X_k}} \qquad （3-2）$$

---

① 杨琨，刘鹏飞.欠发达地区失地农民可持续生计影响因素分析——以兰州安宁区为例 [J]. 水土保持研究，2020，27（04）：342-348.
② 苏芳，田欣，郑亚萍.生计风险对农户应对策略的影响分析 [J]. 中国农业大学学报，2018，23（10）：226-240.

$$P_0 = 1 - \sum_{j=1}^{4} P_j \tag{3-3}$$

式（3-2）和式（3-3）中，j=1，2，3，4。X为自变量，k为自变量个数。

（四）二元 Logistic 回归模型

该模型常常被用来分析农户在农业活动中所做的决策。为了清楚估算各因素变动对农户参与社会组织行为的影响，本研究将农户是否加入社会组织行为简化为 0 与 1 的二分类变量，变量设置见表4-2。由于因变量只包含 0 与 1 两类离散数值，因此采用二元 Logistic 回归模型进行分析。该模型表示如下：

$$\ln(\frac{p_i}{1-p_i}) = \alpha_1 + \beta_1 X_1 + \beta_2 X_2 + \cdots + \beta_k X_k + \varepsilon \tag{3-4}$$

在式（3-4）中，P_i 表示农户加入社会组织的概率，即"加入社会组织 =1"发生的概率，X为自变量，k为自变量个数。

二 指标体系构建

（一）生计资本指标体系构建

在英国国际发展部生计资本分类的基础上，参考国内学者对生计资本指标的选取，结合研究区域调查问卷情况，对现有衡量生计资本的指标进行补充。本次研究农户生计资本指标体系见表3-6。

表3-6 调查区农户生计资本指标选取

生计资本	指标	指标定义及描述
人力资本	年龄	20 岁及以下 =1；21~35 岁 =4；36~50 岁 =5；51~65 岁 =3；66 岁及以上 =2
	受教育程度	小学及以下 =1；初中 =2；高中或中专 =3；大专或本科 =4；本科以上 =5
	健康状况	非常差 =1；较差 =2；一般 =3；良好 =4；很好 =5
	劳动力数量	个数

续表

生计资本	指标	指标定义及描述
物质资本	家庭基本生活类用品	个数
	家庭耐用生活类用品	个数
	住房情况	个数（混凝土房 =0.7；砖瓦 / 土木房 =0.5）
自然资本	实际耕种面积	亩数
	种植作物种类	种类数
	耕地质量	低等地 =1；中等地 =2；高等地 =3；优等地 =4
金融资本	家庭年总收入	3 万元以内 =1；3 万 ~6 万元 =2；6 万 ~9 万元 =3；9 万 ~12 万元 =4；12 万 ~15 万元 =5；15 万元及以上 =6
	获得信贷容易程度	没机会 =1；不容易 =2；一般 =3；较容易 =4；非常容易 =5
	家庭年纯收入	3 万元以内 =1；3 万 ~6 万元 =2；6 万 ~9 万元 =3；9 万 ~12 万元 =4；12 万 ~15 万元 =5；15 万元及以上 =6
	贷款渠道数量	个数
社会资本	参加社会组织活动程度	不参加 =1；几乎不 =2；偶尔 =3；经常 =4；总是 =5
	家庭中是否有干部	否 =0；是 =1
	对周围人的信任程度	没有 =1；不多几个 =2；一半 =3；大多数 =4；全部 =5
	是否受到社会帮助	否 =0；是 =1

　　人力资本是指人们为了追求不同的生计策略和实现生计目标而拥有的技能、知识、劳动能力和健康等，一般来说包括家庭总人口、家庭中劳动力的数量、健康人数的比例等[1]。本书人力资本包含年龄、受教育程度、健康情况、劳动力数量 4 个具体指标。其中，年龄、健康状况及劳动力数量表示家庭成员的劳动能力，受教育程度关系到农户为实现生计目标所具有的技能。由于年龄太大与太小都具有较小的劳动能力，因此将年龄分为 5 个层级并做如下赋值：20 岁及以下 =1、21~35 岁 =4、36~50 岁 =5、

---

① 王君涵，李文，冷淦潇，仇焕广 . 易地扶贫搬迁对贫困户生计资本和生计策略的影响——基于 8 省 16 县的 3 期微观数据分析 [J]. 中国人口·资源与环境，2020，30（10）：143-153.

51~65 岁 =3、66 岁及以上 =2。将受教育程度分为 5 个层级并做如下赋值：小学及以下 =1、初中 =2、高中或中专 =3、大专或本科 =4、本科以上 =5。将健康状况分为五种情况并使用 1、2、3、4、5 对其赋值，具体为非常差 =1、较差 =2、一般 =3、良好 =4、很好 =5。

自然资本指的是人们的生计所依靠的自然资源的储存和流动，主要是可直接利用的资源（如土地、树木等）以及生态服务，其中对于农户来讲最主要的是耕地。本书采用农户实际耕种面积、种植作物种类、耕地质量表征农户的自然资本。其中，耕地质量根据土壤肥力分为 4 个等级，赋值为低等地 =1、中等地 =2、高等地 =3、优等地 =4；实际耕种面积用亩数表示；种植作物种类用种类数表示。

物质资本包括维持生计所需要的基础设施以及生产用具，一般来说包括家庭的总资产和住房情况等。参照苏芳等学者对此类问题的研究，使用农户家庭中拥有生活物资数量及住房情况两大指标来测算其物质资本。对家庭中混凝土房和砖瓦 / 土木房进行数量统计，分别赋值为 0.7 与 0.5；生活物资为家庭基本生活类用品和家庭耐用生活类用品两部分，分别以拥有的物品数量计数。

金融资本主要指流动资金、储备资金和获得金融资产的便利程度，一般用金融贷款的额度、金融参与和金融便利性等衡量。本书中所提及的金融资本涉及收入和信贷两部分，包含家庭年总收入、家庭年纯收入、获得信贷容易程度、贷款渠道数量几个指标。收入在 3 万元以内赋值为 1，3 万 ~6 万元赋值为 2，6 万 ~9 万元赋值为 3，9 万 ~12 万元赋值为 4，12 万 ~15 万元赋值为 5，15 万元及以上赋值为 6；获得信贷容易程度分为没机会、不容易、一般、较容易、非常容易 5 个类别，分别赋值为 1、2、3、4、5。

社会资本指各种社会资源，如社会关系网和社会组织（宗教组织、亲朋好友和家族等），一般用人情收礼、亲戚朋友的数量等衡量。本书主要从基于信任、规范和社会联系而形成的关系网络方面选择指标，具体包括参加社会组织活动程度、家庭中是否有干部、对周围人的信任程度、是否受到社会帮助四个具体指标。将参加社会组织活动程度分为 5 个层级并进行赋值，对于从不参加的农户赋值为 1，几乎不参加的农户赋值为 2，偶尔参加的农户赋值为 3，经常参加的农户赋值为 4，总是参加的农户赋值为 5。对于家庭中是否有干部这一指标，将农户选项为"是"的赋值为 1，选项为"否"的赋值为 0。与家庭中是否有干部类似，选择受到社会帮助的农户即"是"选项赋值为 1，"否"选项赋值为 0。对周围人的信任程度，按照信任多寡分为没有、不多几个、一半、大多数、全部，分别赋值为 1、2、3、4、5。

（二）生计风险指标体系构建

生计风险是农户在日常生产、生活中必须面对的一些不确定因素和挑战，例如，个体患病风险、遭遇极端气候风险、种植过程中农作物意外死亡风险等。因此需要对农户生计风险进行评估，以便做出有效应对。依据学者对生计风险的相关研究和调查区现状，构建农户生计风险评估指标体系（见表 3-7）。

表 3-7　陕南农户生计风险评估指标体系

生计风险	指标	指标定义及描述
金融风险	农产品价格	农产品价格不稳定程度（非常不稳定 =5；不稳定 =4；一般 =3；稳定 =2；非常稳定 =1）
	假资农产品	是否使用过假资农产品（总是 =5；大多数 =4；一般 =3；偶尔 =2；从不 =1）
	经营战略选择失误	是否因农作物、家畜种类选择而造成损失（否 =0；是 =1）
	银行贷款困难	从银行贷款是否困难（没机会 =5；不容易 =4；一般 =3；较为容易 =2；非常容易 =1）
健康风险	自身患病风险	是否患常见疾病（否 =0；是 =1）
		是否有残疾或家族遗传病（否 =0；是 =1）
		是否有突发性重大疾病（否 =0；是 =1）
	外部环境导致的患病风险	是否患有禽流感（否 =0；是 =1）
		是否因生活垃圾随意排放而患疾病（否 =0；是 =1）
		是否因工业污染而患疾病（否 =0；是 =1）
	医疗条件不足导致的患病风险	所在区域医疗条件是否很不完善（否 =0；是 =1）
		医疗保险是否家庭全员覆盖（是 =0；否 =1）

续表

生计风险	指标	指标定义及描述
环境风险	极端天气	暴雨、沙尘暴等是否发生（否=0；是=1）
	地质灾害	泥石流等是否发生（否=0；是=1）
	农作物病虫害	农作物病虫害是否发生（否=0；是=1）
	土地沙化	土地是否退化（否=0；是=1）
	地下水矿化	地下水是否矿化（否=0；是=1）
	植被破坏	植被是否遭到破坏（否=0；是=1）
	水资源短缺	水资源是否短缺（否=0；是=1）
社会风险	社会组织	遇到困难社会组织作用（没有作用=5；作用不大=4；作用一般=3；作用较大=2；作用非常大=1）
	亲朋好友	遇到困难亲朋好友作用（没有作用=5；作用不大=4；作用一般=3；作用较大=2；作用非常大=1）
	社会治安	社会治安状况（非常差=5；较差=4；一般=3；较好=2；非常好=1）
信息风险	农产品市场信息	农产品市场信息是否获得（否=1；是=0）
	种子信息	种子信息是否获得（否=1；是=0）
	畜禽信息	畜禽良种信息是否获得（否=1；是=0）
	饲料信息	饲料信息是否获得（否=1；是=0）
	农机服务信息	农机服务信息是否获得（否=1；是=0）

　　金融风险是指受国际、国内价格及存款利率等影响而出现的金融问题，主要包括农产品价格的波动、农户购买假资农产品的普遍程度、资金短缺状况等问题。对相关指标进行赋值，农产品价格依据不稳定程度由高到低进行赋值，非常不稳定赋值为5，非常稳定赋值为1，不稳定赋值为4，稳定赋值为2，一般赋值为3；对于假资农产品，总是使用赋值为5，大多数情况下使用赋值为4，一般赋值为3，偶尔使用赋值为2，从不使用赋值为1；对于经营战略选择失误，"是"赋值为1，"否"赋值为"0"；将银行贷款困难依据程度由高到低分为5个等级，分别赋值为5、4、3、2、1。

　　健康风险是指内外部环境造成身体产生不良甚至是患病的情况。主要有以下三方面原因：自身患病，包括先天性遗传病、常见疾病和重大疾病等；外部环境造成自身患病，包括禽流感、生活垃圾堆放、工业污染三项；医疗条件不足，包括医疗条件不完善与医疗保险未覆盖两项。以上指标没有程度差别均设置为"是""否"两项，并分别赋值为1、0。

环境风险也是影响农户生计资本存量的一项重要风险类型，主要是气候、土壤等引起的环境问题。设置极端天气、地质灾害、土地沙化、地下水矿化、植被破坏、水资源短缺等具体指标。考虑到农作物病虫害也会由于周围环境变化影响农户作物种植产量，因此将其归为影响农户生计的环境风险。以上指标也按照"是""否"两项进行设置，并分别赋值为1、0。

社会风险主要是由农户身份多样性、社会关系复杂性而引起的一系列社会问题。由于知识储备、与城市的距离、思想观念等原因，农户的社会融入或者自我保护与发展容易受到限制，主要表现在社会治安、亲朋好友、社会组织几个方面。一个良好的社会治安环境是化解风险的前提，将社会治安状况分为5个等级，分别用1、2、3、4、5表示，数字越大表示社会治安环境越差。此外，亲朋好友与社会组织在农户遇到困难时也会帮助应对一部分社会风险，作用越大，风险越小。因此，对亲朋好友与社会组织的作用进行赋值，没有作用表示风险非常大，赋值为"5"，依此将"作用不大""作用一般""作用较大""作用非常大"分别赋值为4、3、2、1。

信息风险主要是指农户关于农产品市场、农机服务市场、作物种植、家畜养殖等方面信息获取不足带来的风险。这些信息可以帮助农户获得更多的资源，从而引导农户做出合理的农产品经营战略选择，有效提高农户农业生产效率，增加农业收入。相关指标设置为是否获得此类信息，如果获得则赋值为0，如果没有获得则赋值为1，表示信息风险大于0。

第四章 陕南地区农村社会组织对农户生计的影响

第一节 陕南农户生计资本核算与评价

一 陕南农户生计资本结构分析

根据调查问卷设置及反馈的相关资料，运用熵值法确定各指标的权重，计算和分析农户的平均生计资本情况（如表4-1所示）。

表4-1 陕南农户生计资本评估结果

生计资本	指标	权重	生计资本值
人力资本	年龄	0.079	0.256
	受教育程度	0.049	
	健康状况	0.018	
	劳动力数量	0.019	
物质资本	家庭基本生活类用品	0.014	0.097
	家庭耐用生活类用品	0.024	
	住房情况	0.027	
自然资本	实际耕种面积	0.003	0.174
	种植作物种类	0.076	
	耕地质量	0.044	

续表

生计资本	指标	权重	生计资本值
金融资本	家庭年总收入	0.073	0.305
	获得信贷容易程度	0.072	
	家庭年纯收入	0.048	
	贷款渠道数量	0.029	
社会资本	参加社会组织活动程度	0.057	0.557
	家庭中是否有干部	0.194	
	对周围人的信任程度	0.024	
	是否受到社会帮助	0.150	

　　陕南调查区农户的生计资本总值为 1.389。通过表 4-1 可以看出，陕南农户各类生计资本值的大小顺序为：社会资本 > 金融资本 > 人力资本 > 自然资本 > 物质资本。此次调查结果显示，在这五种生计资本中，社会资本值最大，物质资本值最小。这说明社会资源在农户的生计资本中占据重要地位，也是农户最能主观控制和改变的资本。其中，家庭中是否有干部最能影响农户的社会资本值。对周围人的信任程度是对农户社会资本值影响最小的指标，因为对周围人的信任程度是农户自己的一种主观感受，无论信任与否农户在生活中都需要与周围的其他人进行互动和交流，关键在于是否交流互动更广泛或者选择维系一种稳定的关系。当农户遇到困难时，其求助对象不再局限于政府部门、亲朋好友，也可向所在地区社会组织求助，这样既加强了村庄内部各农户之间的社会关系网络，也提高了农户间信任水平。金融资本为陕南调查地区农户第二大生计资本，说明陕南农户较为注重家庭的经济境况。金融资本是农户生活水平的直接反映，近年来，陕南地区利用资源优势发展经济，农户收入增加，贷款难度下降，为农户金融资本增加奠定了基础。人力资本稍低于金融资本，调研发现大部分农户至少接受过初中教育，对子女的教育也很重视，且随着经济发展，农户思想也有很大改变，更加重视自己的身体健康，这些都为人力资本积攒了内在力量。陕南地区农户自然资本较弱与该地区资源过度开发有关，资源过度开发所诱发的水位下降、山体

崩塌、泥石流灾害频发导致了该地区植被遭到破坏，土壤、水源、大气受到污染，农户耕地面积、农作物种植种类受到影响。陕南地区农户物质资本拥有量最少，这是因为该区域农户日常耕作主要靠人力，大型农用机械较少，农户的生产受限，大部分年轻人进城务工，留在家中的生活物资数量相对较少。

二　陕南农户生计资本区域差异分析

通过以上分析，发现陕南农户生计资本结构差异明显。那么，在该地区各县（区）农户生计资本值是否存在区域差异？本书采用熵值法对陕南安康市、商洛市、汉中市所调查县（区）农户的生计资本进行测算。

通过对比各县（区）农户的生计资本，发现陕南各县（区）农户生计资本值既存在共性，也存在明显差异。结果发现，农户社会资本在各县（区）中普遍较高，这与陕南整体调研结果相一致，但各县（区）之间还存在一定差异。

汉台区农户生计资本在所有县（区）中最大，商州区农户生计资本最小。汉台区农户自然资本与社会资本在生计资本中获得较大值，人力资本和金融资本占比相近，物质资本值最小，这主要是因为汉台区位于富饶的汉中盆地中心，自然条件较好，冬无严寒，夏无酷暑，适宜生产水稻等粮油经济作物，农户耕地质量相对较好。同时，优越的气候对本地人具有较高的吸引力，劳动力数量稳定和收入可观使汉台区农户人力资本与金融资本也相对稳定。

作为与汉台区相邻的县，城固县除物质资本与社会资本外，人力资本、金融资本、自然资本三项结构趋于均衡。可见相邻县（区）之间农户的生计方式具有相似性。

南郑区农户生计资本结构表现出的特点是自然资本值与物质资本值相近，占比相当，人力资本与金融资本占比相当且值大于自然资本与物质资本。由于南郑区与四川省毗邻，地貌轮廓多样，灾害性天气如暴雨、连阴雨等频繁，但旅游资源丰富，农户在务农基础上可兼顾其他生计方式，因此农户拥有的自然资本较少而金融资本和人力资本较高。

安康市紫阳县农户生计资本结构与其他县（区）最大的区别在于物质资本占比遥遥领先其他生计资本类型，在所调查农户中自然资本占比最低。这主要是因为紫阳县内山地、丘陵占据全县总面积的88.2%，平原只占11.8%，自然环境限制农户耕地质量和数量。

商洛市商州区农户生计资本结构表现为：除物质资本以外，其余资本类型占比非常接近。商州区西邻西安，大城市的辐射作用使农户家庭物质资本相对充盈。

第二节 陕南农户生计风险评估与分析

一 陕南农户生计风险评估

运用熵值法确定陕南农户生计风险各指标权重，进而综合评价各类生计风险的大小。计算结果如表4-2所示。

表4-2 陕南农户生计风险评估结果

生计风险	指标	权重	生计风险值
金融风险	农产品价格不稳定程度	0.009	0.123
	是否使用过假资农产品	0.014	
	是否因农作物、家畜种类选择而造成损失	0.051	
	从银行贷款是否困难	0.014	
健康风险	是否患常见疾病	0.047	0.379
	是否有残疾或家族遗传病	0.041	
	是否有突发性重大疾病	0.041	
	是否患有禽流感	0.034	
	是否因生活垃圾随意排放而患疾病	0.037	
	是否因工业污染而患疾病	0.035	
	所在区域医疗条件是否很不完善	0.038	
	医疗保险是否家庭全员覆盖	0.037	

续表

生计风险	指标	权重	生计风险值
环境风险	暴雨、沙尘暴等是否发生	0.049	0.412
	泥石流等是否发生	0.050	
	农作物病虫害是否发生	0.045	
	土地是否退化	0.045	
	地下水是否矿化	0.044	
	植被是否遭到破坏	0.044	
	水资源是否短缺	0.042	
社会风险	遇到困难社会组织作用	0.011	0.048
	遇到困难亲朋好友作用	0.013	
	社会治安状况	0.011	
信息风险	农产品市场信息是否获得	0.051	0.340
	种子信息是否获得	0.050	
	畜禽良种信息是否获得	0.050	
	饲料信息是否获得	0.049	
	农机服务信息是否获得	0.049	

由表4-2可知，陕南农户生计风险中最高的风险是环境风险，风险值为 0.412。一方面，陕南地区受地形地貌与地质地貌的影响，易发生滑坡等灾害；另一方面，陕南地区降雨频率较高，而强降雨是地质灾害形成的最直接的诱发因素。除了这两方面的因素，经济发展导致的土地退化与植被破坏使近年来更容易出现大自然的负向反馈。农户依赖当地自然环境进行生产生活，地质灾害无疑会极大影响农户生计。

陕南农户面临的健康风险值为0.379，在整个生计风险中仅次于环境风险。农户在务农过程中没有固定的工作时长，早出晚归更容易患有基础性疾病；再加上几乎不会定期体检，一些小病容易被忽视，农户缺乏相对健全的医疗保障而面临较高的健康风险。

信息风险是陕南农户面临的又一大风险，风险值为0.340。大多数农户对于生产什么以及什么是消费市场需求较大的产品不得而知，相关信息获取渠道单一，存在信息不对称问题，且市场随时存在波动，很难随时掌握农产品市场信息。

金融风险值为0.123，在所有生计风险中较小。这可能与农户不会进行高风险投资、花销谨慎有关。通过了解发现农户的金融需求主要源自种植、养殖、畜牧、农产品加工等，这些生产活动周期长、收益低、受自然因素影响大，而涉农贷款服务成本较高，偿还风险较高[①]，因此大多数农户不会选择贷款满足金融需求而是选择调整生产结构，进行一些低风险、低收益的生产活动。尽管如此，农户还是会因为被迫购买假资农产品等情况面临金融风险。

社会风险值为0.048，农户面临的社会风险主要来自社会治安不佳和社会关系网络不健全两方面。当农户遇到困难时，社会关系帮助其解决信息、人力、金融方面的问题，减轻生活中的困难。此外，参加农村社会组织也会产生村民互助互益的效果，减轻农户的社会风险。

二 陕南农户生计风险区域差异分析

陕南研究区总体农户生计风险值为1.302，各县（区）之间是否存在区域差异？生计风险存在哪些特点？本书运用熵值法对各县（区）农户生计风险进行测算，分析地区之间的风险差异。

结果表明，安康市紫阳县农户生计风险为1.244，商洛市商州区农户生计风险为1.305，汉中市汉台区、南郑区、城固县农户生计风险分别为1.307、1.329、1.351。可见，各县（区）农户生计风险存在不同，具体为城固县农户生计风险最高，紫阳县农户生计风险最低。此外，各县（区）生计风险内部组成也存在差别。其中，金融风险方面，汉台区最高、城固县最低，可能是因为汉台区农户微观经济基础较弱，收益不高，加上物价不断上涨，农户需投入更多财力在日常经营中，相对来讲，汉台区农户更多的是因种植结构决策失误或使用假资农产品而具有更高的生计风险。城固县农户面临的健康

[①] 王京辉 . 农村金融风险现状及防控 [J]. 河北金融，2017，481（09）：3-5.

风险较高，南郑区、紫阳县居于中间水平，汉台区与商州区农户面临的健康风险相对较小。主要是因为城固县农户中年龄较大的农户居多，基础性疾病的患病风险较高。此外，城固县农户面临的环境风险也较高，紫阳县与商州区农户面临的环境风险低于汉台区、城固县与南郑区。社会风险在各县（区）分布结果显示：紫阳县、南郑区农户面临的社会风险较大，城固县农户面临的社会风险则小于汉台区与商州区，是 5 个县（区）中最小的。信息风险在各县（区）差别较明显，南郑区最低，汉台区最高，紫阳县农户与城固县农户面临的信息风险相近，商州区的略高于紫阳县与城固县。

第三节　陕南农户生计策略选择分析

一　陕南农户生计风险应对策略分析

面对生活中的生计风险，农户必须有多种策略及策略组合实施应对。在调查过程中，将农户生计风险应对策略分为"低价出售农产品""向亲朋好友求助""向社会组织求助""动用存款""外出打工"五种策略；关于策略组合情况，调查农户会选择哪几种生计策略及首选哪一种生计策略。经对陕南调查区农户生计策略调查，总结农户面临风险时应对策略组合偏好。结果显示（见图 4-1），在有效调查的总样本即 573 位农户中，向亲朋好友求助是众多农户的选择，累计选择 329 次，且有 23.03% 的农户首选此策略。总样本中选择外出打工的农户占比也较大，进一步加剧农村空心化。通过对比发现，未加入社会组织的农户选择外出打工的占比较大，而加入社会组织的农户选择外出打工的占比较小，说明农村社会组织在一定程度上起到了吸纳农户、减少劳动力流失的作用。向社会组织求助也是众多农户应对策略选择之一，因此，基于是否加入社会组织、加入何种社会组织对农户选择生计策略偏好进行统计。结果发现，无论农户是否加入社会组织，向亲朋好友求助作为生计策略的首要选择方式都是占比最高。未加入社会组织农户有 349 位，25.89% 的农户首选向亲朋好友求助；加入社会组织农户有 224 位，有 36.60% 的农户首选向亲朋好友求助。其差异表现在生计策略组合方式上：未加入社会组织的农户可能会选择向亲朋好友求助＋动用存款的策略组合，这两个策略组合占比高达49.85%；加入社会组织的农户可能选择向亲朋好友求助＋向社会组织求助的策略组合，此两项策略组合占比高达62.50%。

进一步对加入不同类型社会组织的农户选择何种生计策略组合进行对比分析。结果表明，在加入服务类社会组织的197位农户中，动用存款＋低价出售农产品是农户选择最多的策略组合（52.79%），其次为向社会组织求助＋向亲朋好友求助（36.54%）。当加入互益类社会组织的189位农户面对风险时，向社会组织求助是其最主要的策略选择，被50.79%的农户选择，且有30.15%的农户会首选此策略。此外，向亲朋好友求助＋动用存款策略也是农户较为青睐的选项，组合占比为39.68%。加入慈善类社会组织的农户为134位，当其面临生计风险时，农户也倾向于求助社会组织，这一策略被64.92%的农户选择，且策略首选率为41.79%，农户也会选择向亲朋好友求助、动用存款、低价出售农产品的策略，首选率分别为22.38%、15.67%、15.64%。

通过上述分析有以下发现。首先，向亲朋好友求助选项占比最大，这表明农户在面对销售困境时，倾向于依赖自己的社交网络。亲朋好友作为个人社会支持网络的重要组成部分，往往在提供信息、资源或情感支持方面发挥着不可替代的作用。通过亲朋好友的帮助，可以减少销售的不确定性，同时也能够维持或拓展自己的社会关系网络。其次，向社会组织求助占据了一定的比例，这表明社会组织在帮助农户销售农产品方面也发挥着重要作用。社会组织通过提供市场信息、搭建销售平台或组织团购等方式，帮助农民拓宽销售渠道。加入社会组织的农户可能还享受到组织带来的规模经济效应，降低销售成本，提高销售效率。参与不同类型社会组织反映了农户应对生计风险时的多元化策略，以及他们对社会组织的不同需求和期望。最后，选择动用存款的占比最低，这反映了农户在面对销售难题时，普遍倾向于避免直接动用个人储蓄。这可能是由于农户对存款的保值增值意识较强，担心动用存款会影响未来的生活和生产计划。同时，动用存款也意味着承担更大的经济风险，一旦销售不畅或价格不理想，可能导致农户陷入更大经济困境。

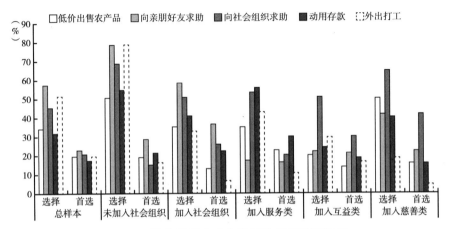

图 4-1　陕南地区农户生计风险应对策略选择

二　陕南农户生计风险应对策略区域差异分析

为调查农户生计风险应对策略选择在地区之间存在哪些相似性和差异，分析总结了各县（区）农户应对生计风险的策略选择（见图 4-2）。结果发现，在各县（区）之间，向亲朋好友求助这一策略被大多数农户选择，说明亲缘关系是当下农户重视的人际关系，在农户遇到困难时大多数人会选择此策略。在汉台区与南郑区，选择向社会组织求助、外出打工策略的农户基本上持平，可能是因为农户所在地离城区较近，农户与城市接轨的可能性更大，使得农户更愿意接受新鲜的事物；而在紫阳县、城固县、商州区，选择外出打工的农户多于选择向社会组织求助的农户，这可能是由于总体样本中选择不参加社会组织的农户偏多，对社会组织不了解或信赖度低。除紫阳县外，动用存款和低价出售农产品两种策略在其他县（区）之间有差异，具体表现为汉台区、城固县、商州区低价出售农产品比动用存款被更多农户选择，而南郑区正好相反。

在首选策略方面，除南郑区向社会组织求助为农户面临生计风险时首要选择的策略外，其余县（区）还是最倾向于选择向亲朋好友求助，然后才是其他策略选择。此外，除城固县外其他县（区）农户对动用存款策略选择的倾向性均低于向亲朋好友求助、向社会组织求助两个策略，可能是由于农户本身储蓄较少，可随时利用的储蓄多用于农产品购置等投资活动，且储蓄意识较强，更愿意储存定期以获取稳定的利息。

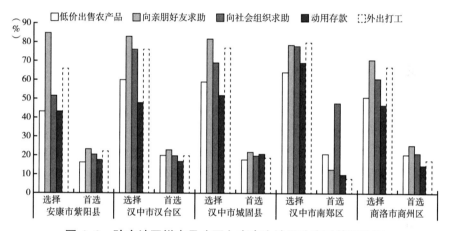

图4-2　陕南地区样本县（区）农户生计风险应对策略选择

第四节　陕南社会组织对农户生计状况的效应分析

一　社会组织对农户生计资本的影响分析

运用SPSS 26.0统计软件对陕南汉中市、商洛市、安康市下辖的5个县（区）农户生计资本与社会组织各因素进行多元回归分析，以农户各类生计资本值为因变量，以社会组织情况、是否加入社会组织、加入什么类型的社会组织以及所属地区为自变量进行多元回归分析，模型通过了1%的显著性检验，结果参见表4-3。

表 4-3　社会组织对农户生计资本的影响研究

变量	人力资本	物质资本	自然资本	金融资本	社会资本
常数	0.256*** (0.000)	0.098*** (0.000)	0.174*** (0.000)	0.272*** (0.000)	0.468*** (0.000)
加入社会组织	−0.004** (0.025)	−0.001 (0.128)	0.006*** (0.004)	−0.002 (0.532)	0.030*** (0.003)
加入服务类	−0.041*** (0.000)	−0.001** (0.023)	0.001 (0.800)	−0.011*** (0.001)	0.033*** (0.004)
加入互益类	0.004** (0.035)	−0.002** (0.010)	0.002 (0.402)	0.062*** (0.000)	0.025** (0.043)
加入慈善类	−0.003 (0.161)	0.010*** (0.000)	0.006** (0.024)	−0.004 (0.215)	0.039*** (0.001)
任务划分情况	−0.004 (0.304)	−0.001 (0.399)	−0.001 (0.780)	0.001 (0.821)	0.037 (0.079)
部门设置情况	0.001 (0.727)	0.001 (0.198)	0.003 (0.235)	−0.010*** (0.002)	0.011 (0.273)
人员管理情况	−0.002 (0.553)	0.001 (0.499)	−0.002 (0.563)	−0.005 (0.407)	−0.018 (0.345)
经营情况	0.000 (0.800)	−0.001 (0.299)	−0.002 (0.354)	0.010*** (0.001)	0.001 (0.891)
安康市	−0.041*** (0.000)	0.003*** (0.002)	0.008** (0.013)	0.013*** (0.005)	0.025 (0.115)
汉中市	−0.007*** (0.001)	−0.001 (0.149)	−0.007*** (0.003)	0.020*** (0.000)	0.012 (0.296)

注：括号内为 P 值，** 代表 P<0.05，*** 代表 P<0.01。

关于农户人力资本。从回归模型的显著性可以看出，整体上加入社会组织对农户人力资本存在负向影响，主要是加入服务类社会组织对农户人力资本存在负向影响，且在调研期间发现，当地农户在三种社会组织中，加入服务类社会组织的较多。加入互益类社会组织对农户人力资本的正向影响在 5%的水平上通过了显著性检验，说明相较于未加入互益类社会组织的农户，加入互益类社会组织会提高家庭的人力资本。国家对社会组织的关注度持续上升，互益类社会组织对农户人力资本的正面效应也显著加强，在社会组织内，如因意外情况出现家庭劳动力缺失，互益类社会组织成员可提供帮助，弥补甚至提高人力资本。此外，所属地区对农户人力资本呈显著的负向影响，以商洛市为参照标准，安康市与汉中市农户加入社会组织更不利于提升人力资本，且这种情况在安康市表现更为严重。

关于农户物质资本。加入服务类社会组织、互益类社会组织均对农户物质资本呈负向影响，在5%的水平上显著；而加入慈善类社会组织在1%的水平上正向影响农户物质资本，即加入慈善类社会组织会对农户的物质资本产生积极影响。加入互益类、服务类社会组织的农户会将家庭农资用具或者家庭用品短借他人，物质资本降低；而加入慈善类社会组织的农户在组织内部可获得捐赠物资，丰富农户生产要素，物质资本获得上升。此外，所属地区对农户物质资本也有明显影响。

关于农户自然资本。是否加入社会组织、是否加入慈善类社会组织以及农户所属地区都对农户自然资本产生显著影响。加入社会组织、加入慈善类社会组织对农户自然资本产生正向影响，分别通过了1%、5%的显著性检验，说明相对于没有加入社会组织，加入社会组织且加入慈善类社会组织提升了农户的自然资本。这主要是因为农村社会组织大多由农户自发组成，加入社会组织的成员通过政策加持首先会加强培训自己的种植能力，分享和学习更多的种植经验，使得种植策略化，无形中提高了自然资本。相对于商洛市，安康市农户加入社会组织更能提高其自然资本，而汉中市农户加入社会组织则对提升自然资本有不利影响。

关于农户金融资本。是否加入服务类社会组织、是否加入互益类社会组织、组织部门设置情况、组织经营情况以及所属地区均对农户金融资本产生显著影响。其中，加入互益类社会组织与组织经营情况对农户金融资本均在1%的显著水平上正向影响农户金融资本，即加入互益类社会组织、组织经营较好更有利于提升农户金融资本。互益类社会组织在农户生产过程中加速策略形成，减少工时，通过人力和物力共享提高农户年收入，进而增加其金融资本。国家对社会组织的政策支持是组织初期较好运营和农户选择加入组织的关键，社会组织经营较好对提高农户收入水平有较大帮助。而是否加入服务类社会组织、社会组织的部门设置情况均在1%的显著水平上负向影响农户的金融资本，即相对于加入服务类社会组织，不加入服务类社会组织更有利于农户提高其金融资本，且社会组织部门设置越多越不利于农户提高其金融资本。这主要是因为服务类社会组织的主要工作是为乡村老年人或者需要帮助的困难群众提供服务，这不是一个短期内有显著成效的任务。社会组织部门设置越多、越繁杂，越不利于农户提高金融资本，社会组织与企业不同，受众群体与性质差异导致经营要求不一，部门越繁杂越不利于农户快速解决问题，进而不利于金融资本提高。除此之外，农户所在地区也显著影响农户金融资本。

关于农户社会资本。是否加入社会组织、是否加入服务类社会组织、是否加入互益类社会组织、是否加入慈善类社会组织均对农户社会资本产生显著正向影响，显著水平分别为1%、1%、5%、1%。相较于未加入社会组织，加入社会组织，包括加入服务类社会组织、互益类社会组织、慈善类社会组织均有利于农户提高其社会资本。无论是加入服务类、互益类还是慈善类社会组织，农户在与人交流中更容易获取信息与物质帮助，且在人情社会下更容易在亲密的关系网络中提升自己的社会资本。

综上所述，社会组织的发展对农户生计资本影响不一，是否加入社会组织、加入何种社会组织、社会组织的经营管理与部门设置对农户不同生计资本类型有不同的影响。但总体来看，加入社会组织对农户生计资本的影响偏向积极，对提高农户生计资本有一定帮助。

二 社会组织对农户生计风险的影响研究

采用SPSS 26.0，通过构建多元回归模型，对是否加入社会组织、加入何种社会组织、社会组织情况、生计资本、所属地区与金融风险、健康风险、环境风险、社会风险、信息风险五大类型生计风险进行多元回归分析，回归结果如表4-4所示。

表 4-4　社会组织对农户生计风险的影响研究

变量	金融风险	健康风险	环境风险	社会风险	信息风险
常数	0.095*** (0.000)	0.348*** (0.001)	0.516*** (0.000)	0.069*** (0.000)	0.431*** (0.000)
加入社会组织	−0.005** (0.019)	−0.096*** (0.000)	−0.195*** (0.000)	−0.002*** (0.001)	−0.076*** (0.000)
加入服务类	−0.004** (0.019)	−0.019** (0.020)	−0.008 (0.364)	0.001** (0.030)	−0.031*** (0.000)
加入互益类	−0.033*** (0.000)	0.002 (0.780)	−0.001 (0.920)	−0.001*** (0.003)	−0.004 (0.410)
加入慈善类	−0.003 (0.339)	−0.013 (0.276)	0.002 (0.858)	0.002** (0.017)	−0.003 (0.635)
人员管理情况	0.001 (0.768)	0.006 (0.582)	−0.015** (0.046)	−0.007*** (0.000)	−0.020*** (0.000)
任务划分情况	−0.007*** (0.000)	−0.029** (0.012)	−0.018*** (0.009)	0.003*** (0.000)	−0.021*** (0.000)
经营情况	0.005*** (0.007)	0.008 (0.358)	−0.001 (0.840)	−0.003*** (0.000)	−0.001 (0.990)
部门设置情况	−0.002 (0.451)	0.008 (0.514)	0.009 (0.202)	−0.001 (0.067)	0.002 (0.718)
人力资本	0.072 (0.096)	−0.028 (0.885)	−0.107 (0.491)	−0.017 (0.115)	0.038 (0.719)
物质资本	0.294** (0.032)	1.047 (0.084)	0.248 (0.627)	−0.024 (0.466)	−0.173 (0.606)
自然资本	0.051 (0.151)	0.207 (0.184)	−0.009 (0.951)	−0.023*** (0.007)	0.079 (0.361)
金融资本	−0.031 (0.150)	−0.059 (0.537)	0.223*** (0.006)	−0.007 (0.202)	−0.006 (0.903)
社会资本	0.009 (0.261)	0.003 (0.920)	−0.013 (0.668)	−0.006*** (0.003)	−0.005 (0.798)
安康市	−0.009*** (0.009)	−0.023 (0.124)	−0.050*** (0.000)	0.003*** (0.001)	−0.02** (0.018)
商洛市	−0.008*** (0.002)	−0.002 (0.896)	−0.001 (0.942)	−0.001 (0.137)	0.029*** (0.000)

注：括号内为 P 值，** 代表 P<0.05，*** 代表 P<0.01。

社会组织对农户金融风险的影响。加入社会组织、加入服务类社会组织、加入互益类社会组织对农户金融风险有负向影响，分别通过了5%、5%、1%的显著性检验，即加入以上组织有很大可能性减轻农户的金融风险。在社会组织情况中，社会组织任务划分情况对农户金融风险有显著的负向影响，而经营情况对农户有显著的正向影响，均在1%的显著水平下显著。说明社会组织在处理日常事务中任务划分越明确，农户面临的金融风险越小，而组织经营越好，则农户的金融风险越高。主要原因如下：任务划分是工作中必须面对的，任务划分明确可以提高工作效率，也可以减少推诿扯皮的情况，帮助农户解决部分生计难题从而减少生计风险。调查得知，当地社会组织的经营资金来源分为三部分，分别是国家政策协助、企业捐赠、农户自发捐赠或投资，社会组织经营越好，农户作为趋利者可能投资更多资金，因而加大其金融风险。在农户生计资本方面，物质资本对农户金融风险有显著的正向影响，物质资本是农户生活条件的体现，当农户拥有较多物质资本时，外借与投资成为可能，因此面临收不回应收款与投资失败的风险，进而增加农户的金融风险。所属地区表明，安康市与商洛市农户面对的金融风险较小。

社会组织对农户健康风险的影响。加入社会组织、加入服务类社会组织以及社会组织任务划分明确会对农户健康风险产生负向影响，并分别在1%、5%、5%的水平上显著。在农户健康风险测算中，分为自身患病风险、外部环境导致的患病风险、医疗条件不足导致的患病风险。农户加入社会组织，特别是服务类社会组织，有机会了解一些基础病的防范措施，并将此相传于其他社会成员，能有效减少基础慢性病等风险。社会组织任务划分明确是组织工作积极有效完成的关键，成员也可以有效安排工作与休息时间，从而减少一部分健康风险。

社会组织对农户环境风险的影响。结果显示，是否加入社会组织、社会组织人员管理情况、社会组织任务划分情况几项指标与农户环境风险分别在1%、5%、1%的显著水平上负向相关。这表明相对于没有加入社会组织的农户而言，加入社会组织的农户可能面临更小的环境风险，主要原因是农户环境风险中包含农作物病虫害风险，加入社会组织后农户可交流种植与防治经验，减少因病虫害产生的风险，或者根据环境状况调整种植结构，将环境带来的风险降到最低。农户金融资本以及所属地区对农户环境风险也产生影响，具体表现为金融资本越多，环境风险越大，这是因为农户金融资本多寡可以表征农户的生活水平和当地经济平均发展状况，而经济发展容易带来"负外部性"。

社会组织对农户社会风险的影响。结果表示，安康市农户具有更高的社会风险。是否加入社会组织、是否加入互益类社会组织、社会组织人员管理与经营情况都与农户社会风险具有显著的负向关系。相较于未加入社会组织，加入社会组织、加入互益类社会组织会降低农户的社会风险。社会组织人员管理越有效、组织经营来源越多，农户面临的社会风险越低。加入社会组织后面临生计风险时，组织成员可提供必要帮助，特别是互益类社会组织，在组织成员遇到不能自身抵御的风险时，互益类社会组织的作用得以体现，及时有效帮助农户渡过难关，从而减少农户社会风险。当然，社会组织拥有有效的人员管理、乐观的经营来源是社会组织长远发展的必要条件，进而对农户社会风险产生负向影响。此外，农户自然资本、社会资本反向影响其社会风险。主要是因为社会风险用来描述社会资本减少的可能性，农户拥有充足的自然资本与社会资本说明农户每年生计来源稳定，在稳定的生产环境中可发生的社会风险基本稳定。

社会组织对农户信息风险的影响。由分析结果得出，加入社会组织、加入服务类社会组织有助于减少农户信息风险，且社会组织人员管理有效、任务划分明确也是农户信息风险减小的关键。社会组织通过凝聚个体农户、整合利益诉求实现与国家政策资源有效对接，且随着经济社会发展，资源分配和使用、土地流转、环境治理等问题的解决都少不了社会组织服务。人员有效管理、任务分配明确是农户信赖社会组织的基础，有助于减少农户的信息风险。此外，与汉中市相比，安康市农户面临更低的信息风险，而商洛市农户的信息风险更高。

综上所述，加入社会组织对农户生计风险整体表现出显著的负向影响，即加入社会组织对农户降低生计风险有明显帮助。加入不同类型的社会组织对同一风险影响不同，加入同一类型社会组织对农户不同生计风险也影响各异。

三　社会组织对农户生计风险应对策略选择的影响分析

生计风险存在于农户日常生计活动中，是农户必须面对的一部分，但农户作为风险规避者，其经济行为也尽可能趋于理性，通过对环境的正确干预可能弱化风险带来的危害。生计风险之间相互影响，采取恰当的应对策略方能降低生计风险对农户生计水平的干扰。从上文的分析中可以看出，向亲朋好友求助、向社会组织求助、低价出售农产品、动用存款、外出打工的生计策略是多数农户面对生计风险时的选择。因此，以农户应对生计风险时的首选策略为因变量，并以采取低价出售农产品策略作为对照组，以是否加入社会组织，是否加入服务类、互益类、慈善类社会组织，以及社会组织的管理经营等方面的因素为自变量构建多元 Logistic 回归模型，得出农户生计风险应对策略与各因素间相互关系，揭示其影响机制。以上变量除对外出打工策略没有显著影响外，对其余策略均产生一定程度影响（见表4-5）。

表4-5　社会组织对农户生计风险应对策略选择的影响研究

变量	向亲朋好友求助	向社会组织求助	动用存款	外出打工
常数	2.332 （0.311）	−0.249 （0.911）	2.022 （0.358）	1.164 （0.640）
加入社会组织	0.220 （0.561）	3.900*** （0.000）	−0.871*** （0.006）	−0.126 （0.740）
加入服务类	−0.431 （0.201）	−0.309 （0.357）	−0.264 （0.420）	0.506 （0.187）
加入互益类	−2.941*** （0.000）	−0.438 （0.159）	−0.550** （0.043）	0.554 （0.112）
加入慈善类	0.292 （0.398）	0.681** （0.042）	0.307 （0.356）	0.094 （0.804）
任务划分情况	−0.829** （0.040）	−0.825** （0.038）	−0.085 （0.824）	0.552 （0.229）

续表

变量	向亲朋好友求助	向社会组织求助	动用存款	外出打工
部门设置情况	0.204 （0.624）	0.203 （0.620）	−0.141 （0.715）	−0.513 （0.235）
经营情况	0.389 （0.264）	−0.063 （0.864）	0.057 （0.868）	0.697 （0.082）
人员管理情况	0.400 （0.624）	−0.364 （0.422）	−0.007 （0.988）	0.106 （0.833）
金融风险	−1.750 （0.768）	−3.965 （0.507）	6.347** （0.027）	−3.655 （0.592）
健康风险	0.799 （0.608）	−0.018 （0.991）	−0.342 （0.825）	−0.091 （0.959）
环境风险	1.281 （0.327）	1.479 （0.239）	−0.048 （0.969）	−2.332 （0.130）
社会风险	−83.051*** （0.010）	−3.083 （0.924）	−24.371 （0.437）	−33.750 （0.343）
信息风险	5.178 （0.078）	6.084** （0.040）	−2.106 （0.466）	2.124 （0.513）
安康市	0.767 （0.186）	0.885 （0.152）	0.502 （0.384）	0.860 （0.193）
汉中市	−0.585 （0.136）	0.455 （0.275）	−0.220 （0.575）	−0.782 （0.081）

注：括号内为 P 值，** 代表 P<0.05，*** 代表 P<0.01。

选择向亲朋好友求助策略。从实证结果可知，农户是否加入互益类社会组织、社会组织的任务划分情况、农户面临的社会风险是影响其是否选择向亲朋好友求助策略的重要因素。以上因素与向亲朋好友求助分别在1%、5%、1%的显著水平下呈反方向变动，即对于加入互益类社会组织的农户、社会风险较大的农户更愿意低价出售农产品，而且社会组织任务划分明确是助力因素。亲朋好友是农户社会资源的主要贡献因素，当农户社会风险变大，农户首先考虑通过自身力量应对风险，低价出售农产品是首要选择。

选择向社会组织求助策略。是否加入社会组织、是否加入慈善类社会组织、社会组织任务划分情况、农户面临的信息风险均显著影响是否选择向社会组织求助。具体来看，加入社会组织、加入慈善类社会组织分别在1%、5%的显著水平下正向影响农户向社会组织求助，而社会组织任务划分明确则是农户选择低价出售农产品的助力因素。此外，农户面临的信息风险也促使其选择向社会组织求助，主要是因为社会组织会提供农户需要的信息资源。

选择动用存款策略。结果显示，农户是否加入社会组织、是否加入互益类社会组织，以及面临的金融风险是影响是否选择动用存款策略的关键因素。加入社会组织，特别是加入互益类社会组织会反方向影响农户选择动用存款策略，是农户选择低价出售农产品的重要因素。此外，结果表明农户面临的金融风险越大，则越倾向于选择动用存款策略，可能是因为应对金融风险对时间要求较高，需要在短时间内应对风险。

四 加入社会组织的影响因素分析

农户面对社会组织有加入与不加入两种选择。本小节利用二元 Logistic 回归模型分析社会组织结构对农户加入社会组织行为的影响，分析结果如表 4-6 所示。

表 4-6 影响农户加入社会组织的因素分析

变量	加入社会组织	加入服务类	加入互益类	加入慈善类
常数	1.864*** （0.000）	−1.802*** （0.000）	0.143 （0.590）	2.194*** （0.000）
信任程度	0.778*** （0.001）	0.754*** （0.000）	0.610*** （0.003）	2.288*** （0.000）
人员管理情况	−0.361 （0.124）	0.570** （0.013）	−0.429 （0.068）	−0.365 （0.158）
任务划分情况	0.601*** （0.005）	1.558*** （0.000）	−0.183 （0.350）	−0.234 （0.294）
经营情况	0.577** （0.011）	−0.078 （0.727）	−0.456** （0.032）	−0.409 （0.084）
部门设置情况	0.013 （0.950）	0.013 （0.951）	0.036 （0.848）	−0.692*** （0.002）

变量	加入社会组织	加入服务类	加入互益类	加入慈善类
安康市	0.563 （0.132）	0.418 （0.201）	0.296 （0.316）	−2.109*** （0.000）
汉中市	−0.737*** （0.003）	0.440 （0.069）	−0.555** （0.014）	−0.249 （0.322）

注：括号内为 P 值，** 代表 P<0.05，*** 代表 P<0.01。

由分析结果可知，部分因素对农户是否加入社会组织有显著影响，且对不同类型的社会组织影响不同。其中，农户对社会组织的信任程度显著影响其是否加入其中，农户对社会组织越信任，越有意愿加入社会组织。在调研过程中通过对特别信任社会组织的农户访谈可知，社会组织会定期组织专业人员对其进行农业技术、农作物种植等信息宣传，如修剪果树、树种选择、病虫害防治等，这为加入的农户提供了诸多便利，也因此吸引了其他农户加入。服务类、互益类、慈善类社会组织均是如此。任务划分情况、经营情况与地区属性也是影响农户是否加入社会组织的重要因素，任务划分明确，经营收益可观对农户加入社会组织更有吸引力，且汉中市农户对加入社会组织的倾向性较弱。组织经营良好是组织存活和发展的必要支持，国家对社会组织有各种形式的支持。此外，为确保组织目标实现，要对工作进行明确安排，使员工能够以最有效的方式工作，所以任务划分明确也是推动农户加入社会组织的一个重要因素。

社会组织人员管理与任务划分情况对农户是否加入服务类社会组织至关重要，主要是因为服务类社会组织需要满足农户的多样化需求，有效管理与明确任务是其发挥作用的关键。

除信任程度外，组织经营情况是影响农户是否加入互益类社会组织的重要因素，且在地区之间有差异，表现为汉中市农户对加入互益类社会组织的倾向性较弱。与其他类型社会组织不同的是，互益类社会组织通过各种为成员谋利益的自利性活动来获得生存和发展的空间，并服务于成员的利益诉求，满足其诉求的一个重要支撑就是组织经营良好，因此组织经营情况显著影响农户是否加入其中。

除农户对慈善类社会组织的信任程度影响其是否加入外，组织部门设置情况与农户所属地区也是重要的影响因素，表现为部门设置越多、所属地区为安康市的情况下，农户更不愿意加入慈善类社会组织。慈善类社会组织是以慈善为目的并对他人进行帮助的非营利组织。与其他类型社会组织相比，慈善类社会组织的服务对象是某一类有需要的人员，很少为自己的成员提供服务，讲求能高效精准达到慈善目的，过于繁杂的部门设置对提供帮助的主体会造成困扰，因此精简部门是慈善类社会组织吸引农户参与的重要因素。

第五章 河西地区农村社会组织对农户生计的影响

第一节 河西农户生计资本核算与评价

一 河西农户生计资本结构分析

根据调查问卷设置及反馈的相关资料，运用熵值法确定各指标的权重，计算和分析农户的平均生计资本情况（如表5-1所示）。

表5-1 河西农户生计资本评估结果

生计资本	指标	权重	生计资本值
人力资本	年龄	0.035	0.232
	受教育程度	0.045	
	健康状况	0.054	
	劳动力数量	0.014	
物质资本	家庭基本生活类用品	0.029	0.175
	家庭耐用生活类用品	0.044	
	住房情况	0.044	
自然资本	实际耕种面积	0.015	0.182
	种植作物种类	0.057	
	耕地质量	0.059	

续表

生计资本	指标	权重	生计资本值
金融资本	家庭年总收入	0.052	0.246
	获得信贷容易程度	0.079	
	家庭年纯收入	0.025	
	贷款渠道数量	0.026	
社会资本	参加社会组织活动程度	0.066	0.528
	家庭中是否有干部	0.182	
	对周围人的信任程度	0.030	
	是否受到社会帮助	0.145	

　　河西调查区农户生计资本总值为 1.363，其各类生计资本值与指标权重可通过表 5-1 看出。其中，社会资本值在所有生计资本类型中最大，为 0.528，物质资本值最小，为 0.175，其余生计资本类型由大到小的顺序依次是金融资本、人力资本、自然资本。虽然不同农户之间的社会资本有差异，但社会资本却是所有农户可建设性较强的一种资本类型，即社会资本往往以一种非正式制度的形式，在居民经济事务决策中发挥着重要的作用。在村镇环境中，社会资本是农户信息传递、增加收入的关键。人力资本是家庭劳动力的支撑，为家庭提高收入提供人力保证，同时也是农户生计目标的服务对象，对子女的教育和自身身体情况持续关注有利于增加人力资本。金融资本与物质资本都可以具体表征农户生计资本大小，使农户生计资本具体化，对农户生计资本非常重要。因此，金融资本值在生计资本中较大：一方面，农户生计目标实现主要以经济情况表征，是农户奋力追求的结果；另一方面，国家为乡村脱贫与振兴提供了不少政策支持，使农户收入增加，地区经济日趋繁荣。物质资本与自然资本在河西地区值较低与当地的地理环境有关，地区内土地荒漠化与盐碱化情况较为严重，自然资本很难获得，收入用于改善其物质资本被较少农户选择，因此两者值较小。

　　结果显示，农户的健康状况在其人力资本中权重最大，可见身体健康是农户劳动与实现生计目标的基础。家庭耐用生活类用品与住房情况在物质资本中权重较大，二者是衡量家庭物质条件的重要指标，一般情况下住房条件较好、耐用生活类物品数量多的农户具有更高的生活质量。自然资本中，种植作物种类与耕地质量是拉开自然资本差距的重要因素，可见，种植作物种类对于农户收入的影响较大，且质量较好的土地可减少农户的种植成本。家庭收入、家庭信贷能力对于衡量农户金融资本较为重要，收入较高的农户拥有比收入较少的农户更多的流动、储备资金，且在信贷中具有主动权，因此可以较便捷地进行投资活动。家庭成员中是否存在干部是农户社会资本大小的关键，干部是农户与政策践行间的枢纽，较普通农户具有更密的社会关系网，因此更有可能获得较大的社会资本。

二　河西农户生计资本区域差异分析

农户生计资本在类型方面存在差异，是否在河西地区不同县（区）之间也存在差异？差异情况如何？本书研究了各县（区）农户生计资本空间分布情况，结果显示：在河西所调查地区中，甘州区农户生计资本最大，凉州区农户生计资本最小；此外，民乐县与古浪县农户生计资本值相近，但民乐县略大。可能是因为甘州区隶属张掖市，农业为张掖市经济发展的支柱产业之一，经济发展与农户增收有很大的联系；凉州区隶属武威市，由于武威市地理位置等条件，农业并没有形成设施化、专业化发展。

分开来看，农户各生计资本类型也存在较大差异。差异表现在人力资本方面主要是：古浪县与凉州区农户人力资本明显大于其他县（区），尤其是肃南裕固族自治县，说明古浪县与凉州区农户更加注重对人力资本的培养，而肃南裕固族自治县对劳动力、教育、健康状况方面缺乏重视。表现在物质资本方面的差异为古浪县与肃南裕固族自治县农户物质资本较大，民乐县农户物质资本最小，其余县（区）居于中间水平。据了解，自2011年开始，古浪县就结合全县的贫困状况实施了易地扶贫搬迁工程，在搬迁过程中，对住房、配套基础设施等都进行了重新建设，住房条件得到了较大改善，一些基础设施需求也得到了满足，因此农户具有较大的物质资本。在自然资本方面，古浪县与民乐县自然资本值明显高于其他3个县（区）。民乐县农业为其支柱产业之一，大面积平整的土地为机械化作业提供了场地，农户种植面积提高成为可能，进而增加了农户的自然资本。与民乐县不同的是，古浪县有些农户参与搬迁是以就近集中搬迁为主，耕地并未做较大调整，因此农户依然以种植为主要谋生方式，农户自然资本较大。甘州区与肃南裕固族自治县农户自然资本较小，甘州区为张掖市政府所在地，农户的生计方式由于地理位置因素有较大可能性由"纯农户"向"兼业型"农户转变，耕地数量较少且种植种类单一，自然资本较小；而肃南裕固族自治县内畜牧业发达，耕地种植的农户较少，自然资本较小。在金融资本方面，各县（区）之间的差异并不明显，这是农户的收入范围相近、获得贷款的渠道雷同的结果。除此之外，农户社会资本在各县（区）也差异不明显，凉州区、民乐县农户社会资本稍大于其他县（区）。在长期的农村社会关系中，为了实现工具性或者情感性的目的，各县（区）农户均与周围人产生密切的人情往来，通过社会关系网络来动员相关资源，在互动与信任中产生与外界的联系，获得有用的机会和信息，进而提高农户社会资本。

第二节　河西农户生计风险评估与分析

一　河西农户生计风险评估

运用熵值法确定河西农户生计风险各指标权重，进而综合评价各类生计风险的大小。计算结果如表 5-2 所示。

表 5-2　河西农户生计风险评估结果

生计风险	指标	权重	生计风险值
金融风险	农产品价格不稳定程度	0.045	0.140
	是否使用过假资农产品	0.038	
	是否因农作物、家畜种类选择而造成损失	0.077	
	从银行贷款是否困难	0.014	

生计风险	指标	权重	生计风险值
健康风险	是否患常见疾病	0.042	0.659
	是否有残疾或家族遗传病	0.042	
	是否有突发性重大疾病	0.060	
	是否患有禽流感	0.066	
	是否因生活垃圾随意排放而患疾病	0.078	
	是否因工业污染而患疾病	0.074	
	所在区域医疗条件是否很不完善	0.050	
	医疗保险是否家庭全员覆盖	0.056	
环境风险	暴雨、沙尘暴等是否发生	0.010	0.399
	泥石流等是否发生	0.030	
	农作物病虫害是否发生	0.027	
	土地是否退化	0.039	
	地下水是否矿化	0.078	
	植被是否遭到破坏	0.036	
	水资源是否短缺	0.027	
社会风险	遇到困难社会组织作用	0.012	0.064
	遇到困难亲朋好友作用	0.024	
	社会治安状况	0.032	
信息风险	农产品市场信息是否获得	0.009	0.224
	种子信息是否获得	0.009	
	畜禽良种信息是否获得	0.009	
	饲料信息是否获得	0.009	
	农机服务信息是否获得	0.009	

在河西调查的农户当中，健康风险是其面临的最严重的风险，值为 0.659，其次是环境风险与信息风险，分别为 0.399、0.224，最小为社会风险，值为 0.064，金融风险稍大于社会风险为 0.140。

健康风险值最大，属于河西所调查农户面临的第一大风险。严重的健康风险冲击会损害农户长期的创收能力，家庭成员遭受大病冲击主要表现为两方面：首先是患病者在短时期内劳动能力丧失和其他成员由于看护丧失劳动时间，短期内影响家庭的收入情况；其次是医疗费用会挤占其他生计方面的支出，包括对子女的教育投资，损害家庭的创收能力。在调查中了解到，河西农户中家庭成员 5~6 人的有 81 户，成员 6 人以上的有 10 户，而 56 岁及以上的有 22 人，健康状况一般及较差的有 62 人。可见，健康风险是河西调查农户面临的较大风险。

环境风险在河西调查农户中的值也较大，在所有风险类型中居于第二大风险。由于河西走廊中作为河西地区农业发展基础的绿洲面积有限，且土地质量较差，水土资源空间结合不当，土地沙化、盐碱化，水资源短缺，及植被破坏等环境问题突出。农户种植经营受到自然环境资源的制约，再加上农户种植过程中不合理、不环保的行为，例如农用塑料薄膜随意丢弃、秸秆不科学焚烧、植树行为没有被鼓励等，农户种植经营面临较大的环境风险。

据了解，目前农户的经营方式主要还是分散经营。随着农户种植经营时间增加，种植过程中想要获得的需求也发生改变，从之前单一的种植技术转向技术、政策、市场供求信息、气象与灾害预报和防治等多种需求，他们迫切需要了解市场及整个流通领域的综合信息。一方面，农户已经认识到科学技术与有关农业信息对正确引导农业生产、增加其收入的重要性；另一方面，农户苦于缺乏获取这些信息的渠道，且对信息真实性很难辨别，因此面临较大的信息风险。

河西调查地区金融风险值为 0.140，这部分风险包括农产品价格突然降低、使用假资农产品、银行贷款困难、经营战略选择失误所造成的损失等。河西地区相对偏远，且该地区农户面临较高的信息风险，拿假资农产品举例，如化肥，有两种可能性增加农户的金融风险：一方面，农户由于信息闭塞，对真假判断不清，很可能使用假化肥；另一方面，由于农户贪图低价、降低成本而使用假化肥，这两种情况都会通过影响产量来影响农户的收入，增加收入达不到预期的风险。

河西调查区社会风险值最小，为 0.064。社会风险值主要测度农户发生其他风险时亲戚朋友是否提供帮助，助其渡过难关。河西地区农户社会风险最低说明当地人情往来比较密切，农户经常会得到亲戚朋友在信息、人力、金融方面的帮助，村民互助互益的民风淳厚。

二　河西农户生计风险区域差异分析

为了解河西各县（区）农户之间生计风险是否存在区域差异，生计风险存在哪些特点，运用熵值法对各县（区）农户生计风险进行测算，分析地区之间的风险差异。结果显示，各县（区）农户生计风险有差异，存在不确定性导致损失或者收入减少的可能性。其中，民乐县农户在所调查地区生计风险最高，甘州区与肃南裕固族自治县农户生计风险较小且相近，凉州区与古浪县农户生计风险居于中间水平。

在金融风险方面，甘州区农户面临的金融风险最大，其次是民乐县和凉州区农户，古浪县和肃南裕固族自治县农户面临的金融风险较小。说明地区之间农产品价格存在差异，甘州区农户比其他地区农户更多使用假资农产品或者因农作物、家畜种类选择失误而造成经济损失。肃南裕固族自治县农户生产方式以牧业为主，作物种植主要为养殖服务，并不是其直接的收入来源，因此农户面临的金融风险较小。

在健康风险方面，古浪县和凉州区农户面临的健康风险较大，其次是民乐县，再次是甘州区，健康风险最小的是肃南裕固族自治县。说明凉州区和古浪县农户相较其他县（区）农户面临更多的自身患病风险、环境因素带来的患病风险。凉州区煤炭产业发展时间较长，生活在本地区的农户长期接触这些危险因素之后有较大患病的风险。肃南裕固族自治县工业相对欠发达，因工业污染而患疾病的风险较小，但也不排除自身患病和因区域医疗条件不完善而患病的风险。

在环境风险方面，主要测度气候、土壤相关问题引发的环境状况改变影响农户生计状况的风险。结果表明，由于各县（区）农户所面临的环境问题与问题严重等级不同，面临的环境风险也有差异。其中，肃南裕固族自治县农户面临的环境风险在所调查区最严重，古浪县相对最轻，张掖市比武威市农户面临更大的环境风险。据了解，武威市与张掖市在地理位置上表现为张掖市整体纬度更高且邻近金昌和酒泉两市，经历极端天气如沙尘暴更频繁，而武威市整体纬度较低，且所调查区域气候相对较好，极端天气发生相对较少。在肃南裕固族自治县，长久放牧等带给土地更大压力，同时面临植被破坏、水资源短缺、土地退化等环境问题，最终会增大农户的生计风险而影响其生计资本。

在社会风险与信息风险方面，各县（区）并无较大差异。主要是因为社会风险和信息风险受地域影响较小，并非依据当地特有的外部条件而具有特殊性。

第三节　河西农户生计策略选择分析

一　河西农户生计风险应对策略分析

当农户遭遇生计风险，必须有多种策略及策略组合实施应对。采取有效的生计策略有利于农户稳定收入，积累财富，降低风险。本书将生计风险应对策略分为"低价出售农产品""向亲朋好友求助""向社会组织求助""动用存款""外出打工"五种策略。对河西所调查地区农户的生计策略选择进行总结，分析农户遇到生计风险时会选择哪几种策略并首选哪一种策略。了解有效调查的 283 位农户生计策略选择后，绘制农户生计策略选择图（见图 5-1）。

结果表明，总样本中，生计风险发生后向亲朋好友求助是河西地区农户最多的选择，累计选择量达到所有样本的近 80%；外出打工与低价出售农产品也是农户累计选择量较大的两项生计策略，占比分别为 60%、55%；而向社会组织求助与动用存款两项策略较少被农户选择，选择占比分别在 30%、40% 左右。与累计策略选择偏好相似，向亲朋好友求助、外出打工依然是当地农户首选策略偏好中占比次序前两位的策略。不同的是，动用存款策略超越低价出售农产品变为第三的首选策略偏好。说明农户在风险发生后，首先考虑在不损耗资本存量的情况下动用自己的社会资本，其次考虑增加收入来源和动用资本存量。

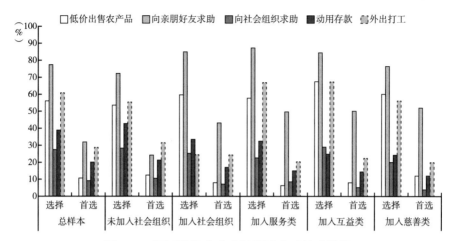

图 5-1　河西地区农户生计风险应对策略选择

　　由于本次研究考察社会组织在农户生计中的作用，因此在现有样本的基础上将加入、未加入社会组织，以及加入不同类型社会组织的农户分开进行分析，考察不同分类下农户生计策略选择偏好。通过了解可知，在河西地区调查的283位农户中，172位农户并未加入当地社会组织，面对生计风险，农户策略选择累计最多的是向亲朋好友求助，其余策略排序也与总样本排序相似，这是因为在调查样本中，未加入社会组织的农户较多，占总体比重较大。但在首选策略中，未加入社会组织的农户与整体样本量存在明显差别，外出打工的策略偏好高于向亲朋好友求助的策略偏好，且动用存款策略偏好与向亲朋好友求助策略偏好程度非常接近，即未加入社会组织的农户更倾向通过自己化解生计风险。

　　加入社会组织农户的生计策略选择又因加入不同类型的组织而存在差异。所有调查农户中有111位农户加入社会组织，这部分农户在选择生计策略时依旧倾向于向亲朋好友求助，且累计占比高达84.6%，远高于其他策略选择占比。其次是低价出售农产品，累计选择占比为59.45%，向社会组织求助策略的累计选择占比与外出打工相近，可见，农户加入社会组织可能与期望化解生计风险的关系并不大。在首选策略中，这部分农户依旧首要选择向亲朋好友求助策略，其次是外出打工与动用存款策略，说明农户很少依赖社会组织

117

化解自身的生计风险。同样，加入服务类、互益类、慈善类社会组织的农户累计选择最多的三种生计策略依旧是向亲朋好友求助、外出打工、低价出售农产品，且向亲朋好友求助的策略在首选策略中占比依旧最高，只有占比很少的农户首选向社会组织求助。

二 河西农户生计风险应对策略区域差异分析

为进一步了解河西地区调查农户生计策略选择差异，将各县（区）农户生计策略选择偏好进行整理分析（见图5-2）。结果表明，除肃南裕固族自治县农户累计选择最多的生计策略为外出打工外，其余地区农户累计选择生计策略最多的均为向亲朋好友求助策略，说明社会资本是农户最愿意使用的用来减少生计风险的策略，且当地农户亲缘关系较好。

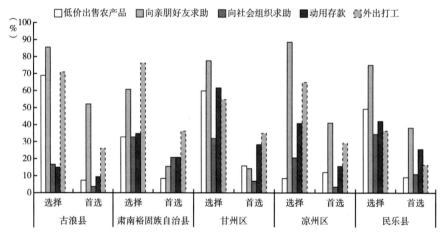

图5-2　河西地区样本县（区）农户生计风险应对策略选择

古浪县农户在选择生计策略时，策略倾向集中在向亲朋好友求助、外出打工、低价出售农产品三种上，向社会组织求助与动用存款的策略只有少部分农户选择，说明古浪县农户更看重自己建立的社会关系并依赖其化解生计风险。此外，当家庭内部产生风险，农户愿意改变之前的生计方式，选择外出打工这一回报率相对较高的方式来化解风险。存款是农户为自己及孩子准备的持续资金，农户必须考虑以后的生计发展，面对一般风险，农户有能力通过其他策略应对和化解。

肃南裕固族自治县农户累计选择最多的生计策略为外出打工策略，其次为向亲朋好友求助，低价出售农产品、向社会组织求助、动用存款三种策略在本地区累计选择占比相近。在首选策略中，首选外出打工策略的农户占比最高，首选低价出售农产品策略的农户占比最低。本地区农户生计方式以放牧为主，纯农户一般较少，一旦存在生计风险，并没有多余土地与资金供其扩大放牧规模，外出打工化解生计风险成为纯农户与半农半牧农户首要选择的策略，而不是低价出售农产品。

甘州区农户在化解生计风险时主要考虑向亲朋好友求助、动用存款、低价出售农产品三种策略，较少农户选择向社会组织求助。在首选策略中，外出打工与动用存款是农户首要选择的两种策略，首选向亲朋好友求助的农户占比较低。甘州区是张掖市经济文化中心，距离优势使农户具有更多外出打工的机会，因此选择和首选外出打工策略的农户占比较高。向社会组织求助策略是农户累计选择最少并且首选占比最低的。

凉州区农户累计选择较多的前三种策略为向亲朋好友求助、外出打工、动用存款。在首选策略中，向亲朋好友求助、外出打工是农户选择较多的策略。低价出售农产品不是大多数凉州区农户的首要选择。务农是农户的主要生计来源，但出售农产品需要在秋冬季节进行，对季节要求较高；向亲朋好友求助可以在任何时间进行，这是农户倾向意愿较高的原因之一；而外出打工非常适用于生存环境改变的情况，借此不仅可以持续性获得收入而且变现时间相对较短。

民乐县农户和其他多数县（区）农户选择相似，向亲朋好友求助与低价出售农产品是农户累计选择较多的策略。不同的是，在首选策略中，向亲朋好友求助与动用存款是该地区农户选择占比较大的策略，占比较低的策略为低价出售农产品与向社会组织求助。

以上分析表明，整个调查区内，向亲朋好友求助策略是在任何县（区）都被当地农户较偏好的生计风险应对策略。在不同县（区），策略组合又稍有不同。但向社会组织求助策略均较少被农户选择，说明该地区社会组织正处于发展阶段，农户对社会组织了解不够，缺乏信任。

第四节　河西社会组织对农户生计状况的效应分析

为进一步了解社会组织是否对农户生计状况产生影响，产生何种影响，影响程度如何，针对社会组织对农户生计资本影响、社会组织对农户生计风险影响、社会组织对农户生计风险应对策略的影响以及影响农户加入社会组织的因素进行分析，了解社会组织对农户生计状况的作用。

一　社会组织对农户生计资本的影响分析

首先运用SPSS 26.0统计软件对河西地区武威市古浪县、凉州区，张掖市甘州区、民乐县、肃南裕固族自治县几个县（区）农户生计资本与社会组织相关指标进行多元回归分析。将农户各类生计资本值作为因变量，将是否加入社会组织、加入何种类型的社会组织、社会组织情况、所属地区等相关变量作为解释变量，经过回归，模型通过了1%的显著性检验，回归结果参见表5-3。

表5-3　社会组织对农户生计资本的影响研究

变量	人力资本	物质资本	自然资本	金融资本	社会资本
常数	0.237*** （0.000）	0.173*** （0.000）	0.186*** （0.000）	0.241*** （0.000）	0.542*** （0.000）
加入社会组织	0.008*** （0.003）	0.002 （0.387）	−0.007 （0.107）	0.007 （0.110）	−0.023 （0.102）
加入服务类	0.012*** （0.002）	−0.002 （0.536）	0.014*** （0.000）	−0.002 （0.644）	0.000 （0.990）
加入互益类	0.013*** （0.002）	0.012** （0.029）	0.013** （0.024）	0.006 （0.442）	−0.053 （0.070）

续表

变量	人力资本	物质资本	自然资本	金融资本	社会资本
加入慈善类	−0.007 （0.371）	−0.004 （0.587）	−0.007 （0.367）	−0.025** （0.035）	−0.026 （0.525）
任务划分情况	0.001 （0.326）	0.001 （0.215）	0.002 （0.060）	0.007*** （0.000）	0.013*** （0.002）
部门设置情况	0.000 （0.985）	0.001 （0.509）	−0.004 （0.085）	−0.003 （0.331）	0.009 （0.380）
人员管理情况	−0.009*** （0.004）	−0.003 （0.406）	−0.007** （0.032）	0.004 （0.377）	0.046*** （0.006）
经营情况	0.000 （0.966）	0.004 （0.108）	0.005** （0.038）	0.016*** （0.000）	−0.018 （0.187）
所属地区	0.001 （0.755）	0.008*** （0.002）	0.001 （0.687）	0.021*** （0.000）	0.019 （0.191）

注：括号内为 P 值，** 代表 P<0.05，*** 代表 P<0.01。

社会组织对农户人力资本的影响。整体来讲，加入社会组织对农户人力资本存在正向影响，加入社会组织、加入服务类社会组织、加入互益类社会组织均存在 99% 的可能性对农户人力资本产生正向影响。服务类与互益类社会组织建设的初衷就是要重建农村社区公共生活，加入服务类、互益类社会组织有利于农户在日常生产中"互借"劳动力，增加农户人力资本。此外，结果显示，组织人员管理情况存在 99% 的可能性对农户人力资本产生负向影响。社会组织人员大多是本村镇人员，由于个人精力有限，处理组织日常事务过多会对农户从事其他劳动及个人健康等造成影响，因此要加强组织人员管理。

社会组织对农户物质资本的影响。结果显示，加入互益类社会组织对农户物质资本存在积极影响，社会组织对农户物质资本的影响也会随地区差异而存在不同。本次生计资本核算中物质资本主要以家庭住房情况和家庭用品的数量表征，加入互益类社会组织，可以共享家庭基本用品以及耐用品，满足生活中对某些物品的需求，可见可以改善长期以血缘为纽带的体系，扩大农户社会关系网络。此外，社会组织对农户物质资本的影响存在地区差异，以武威市为参照对象，张掖市社会组织对农户物质资本更能产生积极显著的影响。可能是因为张掖市社会组织发展较武威市更成熟，当地农户对社会组织的信任感稍强于武威市农户。

社会组织对农户自然资本的影响。结果显示，加入服务类、互益类社会组织分别在1%、5%的显著水平上积极影响农户自然资本，组织经营状况良好也会积极影响农户自然资本，而人员管理有效显著负向影响农户自然资本。服务类社会组织为满足农户多元化需求提供服务，农户的需求与耕地、收入存在较大关系。目前，土地承包经营和转租情况在农村地区时有发生，但小农经济下农户特有的私人关系圈子制约了信息共享，服务类与互益类社会组织可承其职责，帮助相关农户获取增加耕地数量的信息。

社会组织对农户金融资本的影响。结果显示，农户加入慈善类社会组织对其金融资本有显著的负向影响，但社会组织的任务划分情况、经营情况都正向且显著影响农户金融资本。此外，社会组织所属地区不同，对农户金融资本的作用也表现出显著差异，与武威市相比，社会组织在张掖地区对农户金融资本的正向作用更加明显。慈善类社会组织会为农村地区的特殊人群提供保障，包括留守儿童、空巢老人等，过程中难免发生衣物或资金赠与行为，这对农户的金融资本造成压力。若社会组织经营较好，工作任务划分明确，则很少需要农户自身出资维持组织经营，而农户也会因此得到分红或奖金等经济奖励，增加家庭收入。

社会组织对社会资本的影响。结果发现，社会组织任务划分明确和人员管理有效对农户社会资本具有显著的积极影响，并存在99%的可能性。在社会组织内部，组织成员间亦存在关系维持情况，在众多人员中，如何管理好人员沟通和职责分配，是社会组织建立和发展必须做好的重中之重，这样方可保障农户利益，同时扩展农户社会关系网络。

综上所述，社会组织对农户生计资本存在影响。但在生计资本内部，社会组织对不同生计资本类型的影响亦存在差异。

二　社会组织对农户生计风险的影响研究

通过构建多元回归模型，分别对是否加入社会组织、加入何种社会组织、社会组织概况、生计资本、所属地区，以及面临的金融风险、健康风险、环境风险、社会风险、信息风险五大类型生计风险情况进行多元回归分析，考察社会组织对农户生计风险的影响，回归结果如表5-4所示。

表5-4　社会组织对农户生计风险的影响研究

变量	金融风险	健康风险	环境风险	社会风险	信息风险
常数	0.215*** （0.000）	0.918*** （0.000）	0.448*** （0.000）	0.067*** （0.000）	0.199*** （0.000）
加入社会组织	0.007 （0.347）	0.021 （0.625）	−0.021 （0.381）	0.003 （0.059）	−0.023** （0.019）
加入服务类	0.003 （0.679）	−0.001 （0.988）	0.047** （0.035）	0.001 （0.736）	0.000 （0.969）
加入互益类	0.003 （0.520）	−0.011 （0.706）	−0.004 （0.810）	−0.002** （0.044）	−0.023*** （0.001）
加入慈善类	−0.013 （0.098）	−0.002 （0.968）	0.000 （0.989）	−0.002 （0.151）	0.007 （0.530）
人员管理情况	−0.006 （0.061）	0.021 （0.301）	0.030*** （0.007）	0.000 （0.972）	0.007 （0.142）
经营情况	0.010*** （0.001）	−0.004 （0.820）	0.000 （0.997）	0.000 （0.468）	0.000 （0.980）
任务划分情况	0.000 （0.929）	−0.002 （0.955）	−0.043*** （0.006）	0.002 （0.108）	−0.012 （0.067）
人力资本	−0.006 （0.931）	0.135 （0.742）	0.003 （0.991）	0.020 （0.206）	−0.147 （0.113）
物质资本	−0.124 （0.108）	−0.970** （0.037）	−0.449 （0.080）	0.005 （0.779）	0.036 （0.734）
自然资本	0.078 （0.241）	0.904** （0.025）	0.250 （0.260）	−0.017 （0.257）	0.005 （0.955）
金融资本	−0.245*** （0.000）	−1.009*** （0.000）	0.164 （0.288）	−0.052*** （0.000）	0.098 （0.121）
社会资本	0.001 （0.965）	0.052 （0.483）	−0.037 （0.363）	0.011*** （0.000）	0.011 （0.507）
所属地区	0.003 （0.399）	−0.046** （0.017）	−0.031*** （0.003）	0.001*** （0.001）	0.003 （0.435）

注：括号内为 P 值，** 代表 P<0.05，*** 代表 P<0.01。

社会组织对农户金融风险的影响。结果发现，社会组织经营情况与农户金融资本对其金融风险具有显著的影响，可能性高达99%。其中，社会组织经营良好对农户金融风险表现出正向影响，农户自身金融资本对其金融风险具有显著负向影响，即社会组织经营越好，农户金融风险增加的可能性越高，相反，其金融资本越多，面临的金融风险越小，说明农户只有增加自身收入才有能力抵抗其金融风险。

社会组织对农户健康风险的影响。社会组织对农户健康风险的影响主要通过其对农户生计资本的影响表现出来。结果显示，农户物质资本、金融资本均对其健康风险有显著的负向影响，自然资本则对健康风险呈显著正向影响。主要是因为物质资本与金融资本都是生活质量的表征，耐用类生活用品数量越多，家庭收入越高，说明农户目前的生活质量越高，农户有资本关注自己的身体状况，在日常饮用水等方面更加谨慎，且有一部分资金可用于自身健康投资，因此有更小的健康风险。当农户自然资本——主要以农户种植面积与种类测算——较多时，说明农户正处于快速发展的时期，这时，农户将更多的精力投入日常劳作，无暇顾及自身健康，容易忽视一些隐藏性疾病，因此面临较大的健康风险。

社会组织对环境风险的影响。结果表明，是否加入服务类社会组织、社会组织人员管理情况、社会组织任务划分情况、所属地区都对农户环境风险有影响。其中，加入服务类社会组织与人员管理有效分别在5%、1%的显著水平下正向影响环境风险，任务划分明确则负向影响农户环境风险，可能是因为社会组织的活动对居住环境造成些许负担，明确的任务活动安排是减轻其环境风险的有效保障。此外，张掖地区农户面临的环境风险相对较小。

社会组织对农户社会风险的影响。是否加入互益类社会组织，农户金融资本、社会资本、所属地区均会对农户社会风险产生影响。其中，金融资本与加入互益类社会组织负向影响农户社会风险，分别在1%、5%的水平下显著；社会资本与所属地区则正向影响其社会风险，均在1%的水平下显著。主要是因为加入互益类社会组织后，若发生生计风险，组织成员通过提供资金或人力帮扶帮助农户化解风险，而金融资本增加也有助于农户在短期内渡过难关，缩短社会风险存在的时间。社会资本较大的农户也许会对周围人产生更多信任，而信任一旦丧失，对其他社会关系也是一种挑战，因此建立社会关系也是一种回报与风险并存的行为。比较来看，武威市农户面临的社会风险更小。

社会组织对农户信息风险的影响。加入社会组织、加入互益类社会组织对农户信息风险有影响。对于小农个体，加入社会组织，特别是互益类社会组织，可以在组织内部实现信息共享，更有利于农户做出正确的生计策略选择。

三　社会组织对农户生计风险应对策略选择的影响分析

使用 SPSS 26.0 软件进行多元 Logistic 回归分析，以农户面对风险时首选的策略为因变量，且将"低价出售农产品"作为对照组，将是否加入社会组织、加入社会组织类型、社会组织管理情况、农户面临的生计风险类型与农户所属地区等相关变量作为解释变量，通过实证检验可知该模型通过了 1% 的显著性检验，表明该模型的适用性较好（见表 5-5）。

表 5-5　社会组织对农户生计风险应对策略选择的影响研究

变量	向亲朋好友求助	向社会组织求助	动用存款	外出打工
常数	0.446 （0.893）	6.944 （0.098）	−2.032 （0.545）	0.449 （0.881）
加入社会组织	−3.403*** （0.007）	17.869*** （0.000）	0.561 （0.627）	0.812 （0.432）
加入服务类	2.674** （0.017）	18.344*** （0.000）	−0.510 （0.612）	−0.468 （0.603）
加入互益类	−1.599 （0.082）	−0.685 （0.574）	−0.688 （0.478）	−0.648 （0.471）
加入慈善类	0.331 （0.721）	2.032 （0.176）	1.467 （0.163）	0.998 （0.287）
任务划分情况	−2.073** （0.010）	2.535** （0.041）	0.040** （0.0401.466）	−0.876 （0.152）
部门设置情况	−0.769 （0.231）	−0.469 （0.531）	1.219** （0.037）	0.317 （0.563）

续表

变量	向亲朋好友求助	向社会组织求助	动用存款	外出打工
经营情况	0.142 （0.797）	0.776 （0.250）	0.373 （0.498）	0.068 （0.894）
人员管理情况	0.268 （0.683）	0.397 （0.609）	−0.112 （0.859）	0.232 （0.691）
金融风险	7.846 （0.520）	−6.810 （0.646）	−13.22 （0.264）	−0.209 （0.985）
健康风险	10.625*** （0.000）	4.610 （0.201）	9.444*** （0.001）	7.654*** （0.004）
环境风险	−0.140 （0.974）	−9.961** （0.046）	−4.935 （0.228）	−2.91 （0.439）
社会风险	−9.546** （0.022）	−10.661** （0.038）	−3.492 （0.415）	−5.218 （0.124）
信息风险	8.357 （0.115）	3.335 （0.632）	8.638 （0.122）	0.853 （0.877）
所属地区	−0.245 （0.652）	−1.138 （0.143）	−1.052 （0.069）	−0.492 （0.338）

注：括号内为 P 值，** 代表 $P<0.05$，*** 代表 $P<0.01$。

选择向亲朋好友求助策略。从实证结果可知，农户是否加入社会组织、是否加入服务类社会组织、组织任务划分是否明确，及农户自身面对的健康风险、社会风险是农户是否向亲朋好友求助的影响指标。当农户加入服务类社会组织、面临较高健康风险时农户更愿意选择向亲朋好友求助，而农户加入社会组织、组织任务划分明确、面临较高社会风险时则更愿意使用低价出售农产品策略。当农户遇到困难时，更愿意向经常联系的朋友求助。但是若农户面临较大的社会风险，家中无村干部或者组织成员中朋友较少，则农户更愿意使用低价出售农产品策略。

选择向社会组织求助策略。结果显示，是否加入社会组织、是否加入服务类社会组织、任务划分是否明确，以及农户面临的环境风险与社会风险是农户选择向社会组织求助或者低价出售农产品的影响因素。当农户加入社会组织，尤其是加入服务类社会组织且社会组织任务划分明确时农户更愿意在面临风险时向社会组织求助，但是当农户面临严重的环境风险与社会风险时农户更愿意使用低价出售农产品的策略。一方面，农户加入社会组织，对社会组织相对了解也相对信任，服务类社会组织通常给村集体提供便利，包括为老幼病残服务、为困难群体服务等，农户遇到相关的问题，更愿意向社会组织求助；另一方面，若农户面临严重的环境风险与社会风险，农户的社会关系网络简陋且农产品产量和质量都会因恶劣环境受到影响，农户会首先考虑低价出售农产品策略。

选择动用存款策略。结果表明，社会组织任务划分情况、部门设置与农户自身的健康风险是农户是否选择动用存款策略的影响变量。当社会组织的部门设置合理、任务划分明确时，农户更愿意使用动用存款策略。部门设置与任务分派是社会组织发展的必要环节，设置合理与分派明确说明社会组织健康发展，此时农户愿意将存款拿出来应对风险，原因是粮食售卖有可能通过当地供销社等社会组织，组织健康有序发展使农户没有秋季收入落空的后顾之忧。此外，当农户面临严重的健康风险时，农户也更愿意动用存款，因为健康风险直接影响农户的身体状况，动用存款是最直接有效且最节省时间的方法。对于选择外出打工策略，健康风险也是重要影响因素，当农户因当地环境问题面临健康风险，或者因慢性疾病治疗有持续资金支出需求时，外出打工是最明智的选择。

四　加入社会组织的影响因素分析

农户面对社会组织，通常有两种选择，分别为加入或者不加入。为了解农户选择是否加入社会组织的原因，利用多元 Logistic 回归模型分析社会组织中吸引或排斥农户加入的因素。以社会组织的人员管理情况、任务划分情况、经营情况、部门设置情况等为解释变量，以是否加入社会组织、是否加入服务类社会组织、是否加入互益类社会组织、是否加入慈善类社会组织为解释变量。结果如表 5-6 所示。其中，前三个模型通过了显著性检验，最后一个探究社会组织状况对是否加入慈善类社会组织影响的模型没有通过显著性检验。

表 5-6 影响农户加入社会组织的因素分析

变量	加入社会组织	加入服务类	加入互益类	加入慈善类
常数	0.837*** （0.000）	0.459** （0.043）	0.850** （0.041）	−5.314*** （0.001）
信任程度	−1.876 （0.162）	−1.447** （0.013）	−1.415** （0.028）	1.242 （0.242）
人员管理情况	−0.762** （0.045）	−0.361 （0.357）	−0.956** （0.035）	0.758 （0.273）
任务划分情况	−0.776 （0.162）	−1.304 （0.052）	−0.270 （0.660）	0.911 （0.404）
经营情况	−0.651** （0.028）	−0.558 （0.071）	−0.271 （0.398）	−0.109 （0.813）
部门设置情况	−0.486 （0.170）	−0.503 （0.182）	−0.336 （0.403）	0.502 （0.412）
所属地区	−0.815*** （0.004）	−0.943*** （0.001）	−0.767** （0.011）	0.206 （0.653）

注：括号内为 P 值，** 代表 P<0.05，*** 代表 P<0.01。

在影响农户是否加入社会组织的因素中，组织的人员管理情况与经营情况是两个主要的因素，若组织人员管理不善，则农户不愿意加入社会组织。组织人员管理涉及人员任务的分工、分组和协调合作，人员管理不善时成员间存在发生矛盾的可能性，因此组织人员管理情况是影响农户是否加入社会组织的重要因素。此外，组织的经营情况，即是否有经营来源也是重要影响因素，若组织没有经营来源，农户则不愿意加入社会组织，反之，社会组织有经营来源是影响其加入的重要因素。经营来源是支撑组织发展的资金力量，没有资金来源时农户面临自掏腰包的风险，会降低加入社会组织的可能性。与武威市相比，张掖市农户更愿意加入社会组织。

影响农户是否加入服务类社会组织的因素。结果表明，对社会组织不信任的农户更不愿意加入服务类社会组织。社会组织发展较晚，在相对偏远落后的西部地区发展更缓慢，尽管社会组织的产生发展和政府政策有紧密联系，但农户对新生事物的接受能力较弱，表现形式之一就是缺乏信任。此外，不同地区农户对是否加入服务类社会组织的倾向也有差异，表现为张掖市农户更愿意加入，可能是张掖市社会组织发展相对成熟。

　　影响农户是否加入互益类社会组织的因素。结果表明，对社会组织是否信任以及社会组织的人员管理情况是影响农户是否加入互益类社会组织的关键因素。与服务类社会组织相似，通常只有农户对社会组织信任时农户才更愿意加入。农户更愿意在人员管理有效的组织内活动，如此方可维护自己合理的权益。所属地区对农户是否加入互益类社会组织也存在显著影响。

第六章 陕南与河西农村社会组织对农户生计影响的对比分析

陕南以秦岭和秦巴山地为依托，是我国黄河流域与长江流域的主要分水岭及地理上北方与南方的分界线。该地区属暖温带半湿润气候，具有典型的南方气候特征，一年四季分明，雨量充沛，无霜期长。陕南的水能资源藏量丰富，分布合理，是长江最大的支流汉江的发源地，主要栽种水稻，盛产橘子、茶叶。

河西地区以祁连山生态区为依托，是中原地区通往西域的咽喉要道。气候类型主要是温带大陆性气候，较为干旱，年平均气温为 4~9℃，降水各季分配不均，主要集中在 6~9 月。该地区光照充足，光能资源丰富。农户主要在石羊河、黑河、疏勒河流域的冲积平原进行种植，因祁连山终年积雪，春夏消融，引以灌溉，所以河西地区主要发展"绿洲农业"，主要盛产小麦、玉米等。由于气候原因和人为因素，该地区农户面临较多的气象灾害，其中最主要的就是干旱，此外还伴有大风沙尘、霜冻、暴雨等。这些都给工农业生产和当地经济带来很大影响。

可见，陕南和河西两地存在自然地理与农户生活习性上的差异。为探究两地农户生计状况，是否面临同样的生计风险，农户的生计策略选择又有何不同，本书对两地农户的生计状况进行对比分析。

第一节 生计资本状况比较分析

依据两地入户调查的情况，运用熵值法计算两地农户生计资本的均值，绘制生计资本柱状图（见图6-1）。发现其生计资本存在以下特点。第一，陕南农户整体生计资本与河西地区农户相近，且略高于河西地区。本次调查依据可持续生计框架，设置适合两地区的问卷并入户调查，发现目前农户的生活水平都相对有了较大提升，但依旧面临很多问题。生计资本的获得需要受到地区制度、社会关系的调节，因此经济、社会和资产的约束决定个人和家庭获得收入的活动。受整体经济和社会发展的影响，陕南农户拥有稍高水平的生计资本。第二，两地农户在生计资本类型中各有优劣，表现为陕南农户社会资本、金融资本、人力资本优于河西地区农户，但陕南农户的物质资本与自然资本略低于河西地区农户。在调查中发现，陕南农户受教育程度普遍优于河西地区农户，最终学历为初中及以上的农户所占比重大于河西地区相应农户所占比重，且收入较河西地区整体偏高。但是陕南农户实际耕地拥有量略低于河西地区农户实际耕地拥有量，说明河西地区农户目前主要还是以农业经营性收入为家庭主要生计来源，而陕南地区农户表现出更多"兼业型"农户的特征。第三，在各生计资本类型比较中发现两地农户存在相似性，表现为物质资本是两地农户拥有量最低的资本类型，社会资本是其各资本类型中拥有量最高的类型。在长期的生活环境中，农户也建立起稳固的社会关系，并且将自己的社会关系连接为网络，通过长时间交流对社会关系产生信任，因此社会资本是农户较容易获取的资本类型。而物质资本以家庭住房和基本、

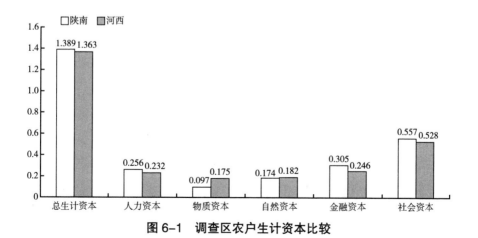

图6-1　调查区农户生计资本比较

耐用生活类用品测度，是农户生活水平的反映。物质资本较少说明两地农户并没有将大部分收入投入改善其住房与生活用品中，而是更多地用于农业经营投资等。

第二节　生计风险状况比较分析

调查区农户在目前的生计水平下面临低水平教育、健康问题、环境变化等带来的生计脆弱性风险。通过了解农户不同类型风险大小与分布，可以转换生计策略抵御生计风险、弥补风险损失。对河西地区与陕南地区调查农户的生计风险进行比较（见图6-2），发现河西地区农户面临更高的生计风险，主要表现在健康风险方面，另外，河西地区农户金融风险和社会风险也略高。在健康风险方面，河西地区家庭成员在1~2人的仅占总体调查人数的3.2%，陕南比例为45.7%；河西地区家庭成员在5~6人的农户占比为28.6%，陕南地区农户则仅有7.7%；河西家庭成员在6人以上的比例为3.5%，在陕南地区则为零。这说明河西地区农户家庭体系庞大，可能存在老人或者孩子较多的情况。通常来看，老人和儿童面临更高的健康风险。在调查中，当被问及收入范围时，显然大体上陕南农户拥有更高的家庭收入，且陕南地区社会组织发

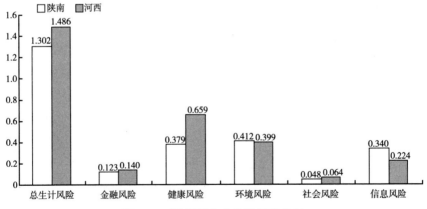

图6-2　调查区农户生计风险比较

展相对于河西地区较为完善，社会组织为组织内部成员提供部分帮助，不仅丰富了农户的社会关系网络，而且间接为家庭收入增加提供协助。

同时，陕南地区农户在环境风险和信息风险方面比河西农户面临的风险稍高。陕南地形复杂多变，雨水天气较多，夏季多暴雨，这是滑坡泥石流得以发育的最重要诱发因素，人类活动对自然环境的破坏加速滑坡发育；河西地区则面临更多的沙尘与干旱天气。目前来看，农户的受教育水平并不高，一些年龄相对较大的农户几乎为小学或者初中水平，但这部分却是农户的主力，因此农户主要面临两方面的信息风险：一方面是如何获取相关信息的风险，另一方面则是判定信息真假的风险。两地区农户都会面临这样的风险，在调查中发现，河西地区纯农户比重高于陕南地区，陕南农户不仅面临土地经营的风险，也面临其他生计风险。

第三节　生计策略选择比较分析

家庭抵御风险的能力主要是一种应对外部环境变化、保持家庭稳定运转的能力，其大小在一定程度上取决于家庭拥有的资产与财富状况。家庭拥有的资产量越多，资产种类越丰富，意味着可供选择的用于抵御家庭所遭遇的风险、保护其生计能力的策略越多。为了解河西地区农户与陕南地区农户在面对不同的生计风险时如何选择生计策略，总结两地区农户生计策略选择（见图 6-3）。结果表明，河西地区农户与陕南地区农户在生计策略选择上既存在差异，也存在相似之处。

差异在策略选择中表现为以下几点。第一，在河西地区，向社会组织求助 + 动用存款是农户选择最少的策略组合，在陕南地区，动用存款 + 低价出售农产品则是农户选择最少的策略组合。农户将收益的一部分存入银行定期账户，这种行为是得到农户普遍认可的，农户将其作为安全投资的方式，当风险来临，首先选择其他方式进行补救，因为如果在期限未满时将钱拿出来对农户来讲也是一种损失。此外，河西地区社会组织发展并不成熟，农户对

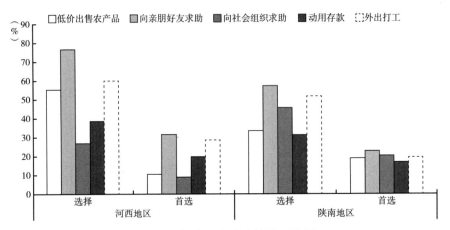

图 6-3　调查区农户生计策略选择

其缺乏信任，相比之下，陕南社会组织发展较顺利，且农户对社会组织较为了解，因此愿意在遇到风险后向其求助。第二，河西地区农户各种策略选择占比差异较大，向亲朋好友求助策略占比最高接近80%，而向社会组织求助策略占比未达到30%；陕南地区农户生计策略选择则表现出相对均衡的特点，向亲朋好友求助为占比最大的策略，值接近60%，占比最少为动用存款，占比达到30%，可见陕南农户选择策略时会考虑更多策略组合，当遇到生计风险时，有可能化解其风险的策略都会尝试，而河西农户则表现不同，可供其考虑的策略选择较少或不愿尝试陌生的策略。第三，在首选策略方面，河西农户与陕南农户也表现出选择的差异。尽管两地区农户首选最多的都是向亲朋好友求助，但两地区不同首选策略占比差异明显，河西地区农户依然对几项策略的偏好表现出明显差异，而陕南农户对几项策略的偏好则差别不大，选择最多的策略向亲朋好友求助与选择最少的策略动用存款占比仅仅相差5个百分点左右。

　　尽管两地区农户策略选择存在差异，但也有相近的地方，如向亲朋好友求助与外出打工都是两地区农户偏爱的策略与首选。这分别代表了两种农村社会现象。一方面，农村地区亲缘、地缘文化下，家庭是农户第一重社会生活，亲戚、朋友、邻里之间开启农户的第二重社会生活，当农户第一重社会生活遭到打击，不得不求助其第二重社会关系抵御风险时，以此为纽带的成员在生产上表现为相互协作，在生活中表现为互相帮助。另一方面，当风险持续或短期内不能解决时，农户不得不考虑现有的生计活动是否需要改变，外出务工可带来持续的收入，不免成为农户抵御长期风险的一种方法。

第四节　社会组织对两地生计效应的比较分析

一　社会组织对两地农户生计资本效应比较

运用 SPSS 26.0 统计软件针对所调查全部地区社会组织对农户生计资本情况的影响进行分析，将河西调查区农户设置为"1"，陕南调查区农户设置为"2"。以农户各类生计资本值为因变量，以社会组织情况、是否加入社会组织、加入什么类型的社会组织为自变量进行多元回归分析，模型通过了1%的显著性检验，结果参见表6-1。

表 6-1　农户生计资本的影响因素分析

变量	人力资本	物质资本	自然资本	金融资本	社会资本
常数	0.231*** (0.000)	0.124*** (0.000)	0.252*** (0.000)	0.317*** (0.000)	0.741*** (0.000)
加入社会组织	0.001 (0.920)	−0.002 (0.160)	0.001 (0.144)	0.001 (0.902)	0.002 (0.775)
加入服务类	0.003 (0.919)	−0.003 (0.140)	0.002 (0.073)	−0.003 (0.181)	0.016*** (0.004)
加入互益类	0.006*** (0.002)	−0.004** (0.040)	0.001 (0.960)	0.011*** (0.000)	0.012** (0.049)
加入慈善类	−0.045*** (0.000)	0.045*** (0.000)	−0.003*** (0.006)	−0.002 (0.316)	0.014** (0.038)
任务划分情况	−0.002 (0.415)	−0.003 (0.182)	0.001 (0.563)	−0.002 (0.468)	0.006*** (0.000)
部门设置情况	−0.002 (0.962)	−0.005*** (0.009)	0.007*** (0.000)	−0.004 (0.136)	0.006 (0.316)

变量	人力资本	物质资本	自然资本	金融资本	社会资本
人员管理情况	0.002 （0.380）	−0.001 （0.744）	0.002 （0.101）	0.004 （0.086）	−0.006 （0.348）
经营情况	−0.005*** （0.004）	−0.004** （0.027）	0.003*** （0.001）	0.007*** （0.000）	−0.019*** （0.000）
所属地区	0.005** （0.042）	0.060*** （0.000）	−0.08*** （0.000）	−0.075*** （0.000）	−0.233*** （0.000）

注：括号内为 P 值，** 代表 P<0.05，*** 代表 P<0.01。

结果显示，人力资本回归模型调整后的 R^2 为 67.5%，物质资本回归模型调整后的 R^2 为 78.3%，自然资本回归模型调整后的 R^2 为 90.5%，金融资本回归模型调整后的 R^2 为 60.4%，社会资本回归模型调整后的 R^2 为 67.8%，说明几个模型都具有一定程度的可信度。陕南与河西对农户各生计资本类型的影响均存在显著差异，除对人力资本的影响在 5% 的显著性水平上外，对其余资本类型均在 1% 的水平上显著。具体表现为地区差异与人力资本、物质资本呈同方向变动，与自然资本、金融资本、社会资本呈反方向变动，即陕南地区更有益于农户提高人力资本与物质资本，河西地区则更有益于提高农户的自然资本、金融资本与社会资本。回归结果大体与两地区实际情况相符。

将两地区农户放在一起作为研究样本分析，研究样本增加，研究结果规律特征更加明显，在对农户各类生计资本的影响方面也存在显著性差异。在人力资本方面，两地农户加入互益类、慈善类社会组织均会影响其人力资本，另外，组织经营情况也会影响其人力资本。具体为加入互益类社会组织在 1% 的显著性水平下增加农户的人力资本，加入慈善类社会组织、组织有经营来源在 1% 的显著性水平下减少农户的人力资本。在物质资本方面，加入互益类、慈善类社会组织，社会组织部门设置情况、经营情况均会影响农户的物质资本。其中，是否加入互益类社会组织、社会组织部门设置情况、经营情况均与农户物质资本呈反方向变动；是否加入慈善类社会组织与农户物质资本呈同方向变动。在自然资本方面，农户是否加入慈善类社会组织，社会组织部门设置情况、经营情况均对其自然资本产生显著影响。表现为加入慈善类社会组织会降低农户的自然资本，社会组织的部门设置完善、有经营来源会增加农户的自然资本。在金融资本方面，是否加入互益类社会组织和社会组织经营情况对金融资本产生影响。互益类社会组织通过拓宽融资渠道、优化资源配置和降低运营成本，对金融资本产生积极影响；经营情况则直接影响金融资本的规模、结构和盈利能力，良好的盈利能力、风险控制能力和市场竞争力是金融机构保持金融资本稳定和安全的关键。在社会资本方面，农户是否加入服务类、互益类、慈善类社会组织，社会组织任务划分情况与经营情况均对其社会资本产生影响。影响表现为加入服务类、互益类、慈善类社会组织分别在1%、5%、5%的显著水平上增加农户社会资本，社会组织任务划分情况在1%的显著性水平下与农户社会资本呈同方向变动，社会组织经营情况与农户社会资本则在1%的显著性水平下反向变动。可见，社会组织对农户生计资本有显著影响，总体来讲，加入社会组织对农户益大于弊。

二　社会组织对两地农户生计风险效应比较

同样运用SPSS 26.0统计软件针对所调查的两个地区农户参与社会组织情况、社会组织情况、农户生计资本情况、所属地区对农户面临的生计风险的影响进行分析。将河西调查区农户设置为"1"，陕南调查区农户设置为"2"，以农户面临的各类生计风险为因变量，以社会组织相关情况、是否加入社会组织、加入什么类型的社会组织、农户各类型生计资本值为自变量进行多元回归分析，模型通过了1%的显著性检验，结果参见表6-2。

表6-2　农户生计风险的影响因素分析

变量	金融风险	健康风险	环境风险	社会风险	信息风险
常数	0.162*** (0.000)	0.791*** (0.000)	0.309*** (0.001)	0.115*** (0.000)	0.137*** (0.007)
加入社会组织	-0.002 (0.297)	-0.043*** (0.000)	-0.104*** (0.000)	-0.003*** (0.000)	-0.005 (0.293)

续表

变量	金融风险	健康风险	环境风险	社会风险	信息风险
加入服务类	0.001 （0.844）	0.001 （0.987）	0.033*** （0.000）	0.002*** （0.000）	0.015*** （0.000）
加入互益类	0.001 （0.562）	0.016 （0.082）	0.011 （0.201）	−0.001 （0.922）	−0.004 （0.384）
加入慈善类	−0.005 （0.091）	−0.016 （0.197）	0.002 （0.852）	0.001 （0.425）	−0.012 （0.075）
人员管理情况	−0.003 （0.188）	0.002 （0.786）	0.009 （0.254）	−0.001 （0.246）	−0.003 （0.557）
任务划分情况	0.008*** （0.000）	0.014 （0.138）	−0.005 （0.576）	−0.002*** （0.001）	−0.004 （0.455）
经营情况	0.002 （0.161）	0.011 （0.165）	0.019*** （0.009）	−0.003*** （0.000）	−0.001 （0.885）
部门设置情况	0.001 （0.819）	0.016 （0.087）	−0.005 （0.571）	−0.002*** （0.000）	−0.002 （0.734）
人力资本	0.138** （0.019）	0.902*** （0.000）	0.517** （0.031）	−0.009 （0.503）	0.400*** （0.003）
物质资本	−0.065 （0.275）	−0.961*** （0.000）	−0.471 （0.054）	−0.018 （0.204）	−0.112 （0.421）
自然资本	0.093 （0.149）	0.831*** （0.004）	0.149 （0.572）	−0.042*** （0.006）	−0.071 （0.638）
金融资本	−0.113*** （0.000）	−0.572*** （0.000）	−0.209 （0.098）	−0.025*** （0.001）	−0.128 （0.076）
社会资本	−0.032*** （0.005）	−0.04 （0.423）	0.049 （0.292）	−0.008*** （0.004）	−0.057** （0.033）
所属地区	−0.02*** （0.008）	−0.179*** （0.000）	0.069** （0.023）	−0.022*** （0.000）	0.092*** （0.000）

注：括号内为 P 值，** 代表 P<0.05，*** 代表 P<0.01。

结果显示，金融风险回归模型调整后的 R^2 为 20.14%，健康风险回归模型调整后的 R^2 为 62.5%，环境风险回归模型调整后的 R^2 为 17.6%，社会风险回归模型调整后的 R^2 为 66.4%，信息风险回归模型调整后的 R^2 为 49.9%，说明这几个模型可以解释一部分影响农户生计风险的因素。

在金融风险方面，社会组织任务划分情况以及农户人力资本、金融资本、社会资本均显著影响农户金融风险。具体表现为组织任务划分情况、人力资本分别在1%、5%的显著性水平下与农户金融风险同向变动，金融资本、社会资本在1%的显著性水平下与金融风险反方向变动，即金融资本与社会资本越大，农户面临的金融风险越小。

在健康风险方面，农户是否加入社会组织、人力资本、物质资本、自然资本、金融资本均对其有显著影响。具体表现为农户加入社会组织，自身的物质资本、金融资本均在1%的显著性水平下反方向影响其健康风险，即农户加入社会组织后，或者物质资本、金融资本增多，农户面临的健康风险将降低；而农户的自然资本与人力资本越大，其面临的健康风险也越大。

在环境风险方面，农户是否加入社会组织、是否加入服务类社会组织、社会组织的经营情况、农户的人力资本均显著影响农户面临的环境风险。不同的是，是否加入社会组织与农户面临的环境风险在1%的显著性水平下呈反方向变动，即加入社会组织会减少农户面临的环境风险。而结果显示，农户是否加入服务类社会组织、组织的经营情况与农户自身的人力资本分别在1%、1%、5%的显著性水平下正方向影响其环境风险，即加入服务类社会组织、社会组织有经营来源、人力资本越高，农户面临的环境风险就越大。

在社会风险方面，农户是否加入社会组织，是否加入服务类社会组织，社会组织的任务划分情况、经营情况、部门设置情况，农户自身的自然资本、金融资本、社会资本均显著影响农户面临的社会风险。其中，是否加入社会组织，社会组织的任务划分情况、经营情况、部门设置情况，农户的自然资本、金融资本、社会资本均在1%的显著性水平上与农户面临的社会风险负向相关，即加入社会组织、组织任务划分明确、组织有经营来源、组织部门设置完善，农户自然资本、金融资本、社会资本增加，有利于降低农户面临的社会风险。

在信息风险方面，是否加入服务类社会组织，农户的人力资本、社会资本均对其面临的信息风险有显著的影响。其中，社会资本在5%的显著性水平下负向影响信息风险，其余指标均在1%的显著性水平下正向影响农户面临的信息风险。

在地区差异方面，结果显示所属地区对农户所面临的生计风险存在显著差异性影响，除对环境风险和信息风险分别在5%、1%的显著性水平下正向影响之外，对其他风险类型均在1%的显著性水平下产生负向影响，即陕南地区更有可能增加农户的环境风险和信息风险，而河西地区更有可能增加农户的金融风险、健康风险和社会风险。

三 社会组织对两地农户生计策略选择效应比较

为了解整体上所调查农户面对生计风险时的应对策略，使用SPSS 26.0软件进行多元逻辑回归分析，以农户面对风险时首选的策略为被解释变量，且将"向社会组织求助"作为参考项，将是否加入社会组织、加入社会组织类型、社会组织管理情况，以及农户面临的生计风险类型与农户所属地区作为解释变量，模型通过1%的显著性检验，结果表明该模型的适用性较好（见表6-3）。除所属地区外，其他解释变量均使用最后一项类别当作参考项。

表6-3 农户生计风险应对策略选择影响因素分析

变量	向亲朋好友求助	低价出售农产品	动用存款	外出打工
常数	−0.022 （0.987）	0.619 （0.504）	0.156 （0.873）	0.983 （0.272）
金融风险	−0.093 （0.980）	2.060 （0.449）	2.851 （0.338）	2.197 （0.448）
健康风险	−3.668*** （0.000）	−4.156*** （0.000）	2.624*** （0.000）	−1.755*** （0.004）
环境风险	0.869 （0.343）	−0.014 （0.984）	−0.678 （0.377）	−1.232 （0.112）
社会风险	7.665 （0.085）	2.077*** （0.000）	5.661*** （0.000）	4.832*** （0.002）
信息风险	−0.806 （0.605）	−4.03*** （0.000）	−4.303*** （0.001）	−3.277*** （0.006）
加入社会组织	−0.229 （0.348）	−0.474*** （0.005）	−0.366** （0.040）	−0.134 （0.439）
加入服务类	−0.427** （0.028）	−0.479*** （0.001）	−0.260 （0.106）	−0.751*** （0.000）

变量	向亲朋好友求助	低价出售农产品	动用存款	外出打工
加入互益类	0.144 （0.488）	−0.325** （0.038）	−0.325 （0.058）	−0.283 （0.094）
加入慈善类	−0.131 （0.574）	0.429** （0.018）	0.083 （0.681）	0.038 （0.852）
信任程度	0.414 （0.081）	0.361** （0.041）	0.349 （0.075）	0.603*** （0.002）
任务划分情况	0.239 （0.323）	0.308 （0.084）	0.566*** （0.005）	−0.164 （0.369）
人员管理情况	−0.185 （0.410）	−0.43*** （0.009）	−0.367** （0.038）	−0.166 （0.334）
经营情况	20.89 （0.296）	0.097 （0.495）	−0.024 （0.873）	0.042 （0.771）
所属地区	1.543*** （0.001）	2.033*** （0.000）	−1.396*** （0.000）	−0.452 （0.185）

注：括号内为 P 值，** 代表 P<0.05，*** 代表 P<0.01。

向亲朋好友求助方面，农户健康风险、是否加入服务类社会组织、所属地区三项对此策略有显著影响。具体表现在农户的健康风险、是否加入服务类社会组织与向亲朋好友求助策略选择呈反方向变动，健康风险越大，农户更倾向于选择向社会组织求助策略。此外，农户风险应对策略选择在地区之间也存在差异，陕南农户更愿意在风险应对方面选择向亲朋好友求助。

低价出售农产品方面，农户健康风险、社会风险、信息风险，是否加入社会组织，是否加入服务类、互益类、慈善类社会组织，对社会组织信任程度，社会组织的人员管理情况等众多指标均影响农户是否选择此策略。与向社会组织求助相比，农户面临的社会风险加大、加入慈善类社会组织、对社会组织信任分别在 1%、5%、5% 的显著性水平上正向影响其选择低价出售农产品策略。健康风险、信息风险加大，加入社会组织，加入服务类、互益类社会组织，社会组织人员管理有效均显著负向影响农户选择低价出售农产品策略。与河西农户相比，陕南农户更有可能选择低价出售农产品。

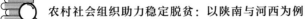

动用存款策略方面，农户健康风险、社会风险、信息风险依然是农户策略选择的影响因素。农户社会风险、健康风险越大，越倾向选择动用存款策略，信息风险越大则越倾向选择向社会组织求助。社会组织为成员提供信息获取渠道，可以减少农户获取信息的风险。农户是否加入社会组织、社会组织任务划分情况与人员管理情况也是影响农户是否倾向选择动用存款的关键因素。结果表明，农户加入社会组织、社会组织人员管理有效反向影响选择动用存款策略，即这些因素是农户选择向社会组织求助策略的加分项，任务划分明确则是农户动用存款的加分项。此外，河西农户选择动用存款的更多。

外出打工策略方面，农户健康风险、社会风险、信息风险，是否加入服务类社会组织，对社会组织信任程度是影响农户是否选择此策略的关键因素。农户社会风险越高、对社会组织越信任，则越愿意选择外出打工策略，健康风险、信息风险越大，加入服务类社会组织，则更愿意选择向社会组织求助策略。

第七章 社会状态对农户生计资本及生计策略的影响

社会状态是一个人在社会中所拥有的荣誉、关系网络情况等[1]，个人存在于以社交网络为纽带的社会状态中，以此产生不同等级的社会生态位。一些农户社会生态位更高，拥有更强大的社会状态，而另一些人则处于较低的社会生态位[2]。通常情况下，社会状态会因教育、交通通达程度、获取信息的能力等因素有所不同，农村家庭的社会状态可通过交通、教育、参与社会关系网络的程度等来衡量。农户是我国农村地区建设的主要驱动力量，其持续稳定的生计以及具有应对风险的能力对整个社会的发展具有重要意义。在巩固和扩大脱贫成效与乡村振兴相衔接的时期，农户生计问题研究主要围绕脱贫后农户可持续生计展开，据此相关研究可以分为两大类：一是关于农户脱贫后返贫现象与成因[3]、返贫对策的研究[4]；二是返贫风险方面的研究，多关注返贫风险识别与测度[5]、返贫风险规避与治理[6]。其中就有研究指出多元化的生计策略是农户返贫风险规避的自我发力重点，也是农户产生长效性、稳定性收

---

① Brown T C, Bergstrom J C, Loomis J B. Defining, Valuing, and Providing Ecosystem Goods and Services[J].Nat. Resource. 2007, 47: 329-376.

② Burgess G, Maiese M. Sources of Complexity[J]. Beyond Intractability. 2004.

③ 凌国顺，夏静.返贫成因和反贫困对策探析 [J]. 云南社会科学，1999（5）：33-38.

④ 马绍东，万仁泽.多维贫困视角下民族地区返贫成因及对策研究 [J]. 贵州民族研究，2018，39（11）：45-50.

⑤ 马光荣，杨恩艳.社会网络、非正规金融与创业 [J]. 经济研究，2011（3）：83-94.

⑥ 郭倩，廖和平，王子羿，刘愿理，李涛.秦巴山区村域稳定脱贫测度及返贫防控风险识别——以重庆市城口县为例 [J]. 地理科学进展，2021，40（02）：232-244.

入，实现可持续生计的关键。中国是一个典型的"关系型社会"①，社会状态正是"关系型社会"和"信息集成型社会"的主要表现，也是有利于获取多元生计策略的有效路径。根据交往时间，交往中产生的情感强度、信任和服务等的特点，Granovetter 将社会状态划分为"强关系"与"弱关系"："强关系"是指存在于经常接触、有密切联系的人间，通常具有情感和感情交流等特点；"弱关系"主要存在于具有不同社会经济特点的个体间，具有信息传递等作用②。

农户社会状态对农户选择生计策略与提高生计能力具有重要的影响，使农户生计资本成倍增加或损失。当前，由于市场经济中的金钱、功利等因素的影响，农户之间的传统互助关系受到了一定程度的压制，家庭之间的社会关系网络资源削弱，从而制约了农户的收入增长③。因此，社会状态重构与加强是农户实现稳定的生计资本、提高生计能力的重要抓手。家庭成员可以利用自己的社交网络获得影响就业、福利等与生计有关的资源，从而影响家庭的收入模式和水平④。此外，社会资本具有较强的外部性，而社会状态则是其载体，农户可以通过改进社会状态降低信息的不对称性，进而降低交易成本或者进行风险规避，最终达到稳定或提高收入的目的。但农户社会状态效应或因自己社会生态位高低不同，或因家庭居住地的交通通达性不同等因素具有差异化的特征。其中，社会生态位高的农户与家庭更倾向于将自己的状态优势用于生计状况的持续改善与生计策略选择。因此，社会状态可以作为一个社会信号，这对脱贫人口预防和化解生计风险、提高生计能力与水平、选择可持续生计策略非常重要⑤。

① 苏芳，宋妮妮，薛冰.后脱贫时期可持续生计研究展望 [J].地球环境报，2021，12（05）：48-497.

② Granovetter M S. The Strength of Weak Ties[J]. American Journal of Sociology，1973，78（6）：1360-1380.

③ 张振，徐雪高，吴比.新常态下农户家庭社会关系网络的收入效应研究——基于 CHARLS 数据的实证分析 [J].经济问题，2016（06）：73-78+115.

④ Grootaert C.Social Capital，Household Welfare and Poverty in Indonesia[R].In Local Level Institutions Working，Paper，World Bank，1999（6）.

⑤ Weiss Y，Fershtman C. Social Status and Economic Performance：A Survey[J]. Eur. Econ. Rev. 1998，42: 801-820.

值得注意的是，目前社会状态与农户生计资本、生计策略的关系并未得到充分验证，已有研究大多从社会资本与农户生计资本的关系进行探讨，鲜有学者关注社会状态本身对农户生计资本的影响方式及影响程度。本书认为，社会状态和社会资本有相同的内容，这部分内容可看作从社会资本中分离出来的社会状态描述，但社会状态又不完全等同于社会资本，主要表现为内容本身的差异和对生计资本的作用两方面。有学者对社会资本进行定义，认为社会资本是指具有共同利益的人组成的一个社会关系网络，可以简单理解为信任、合作等[1]；社会状态更加强调社会关系网络给农户带来的荣誉等对农户产生持续性、稳定性影响的一种状态。社会资本是农户生计资本的一部分，与其他资本类型一同构成农户生计资本，而社会状态则影响农户生计资本中每一个资本类型，且对各资本类型有促进与转化作用，最终影响农户生计策略。一方面，农户在相对稳定的状态中进行生产生活，必定会受到主观和客观状态因素的影响，社会状态作用下，农户各生计资本具有更真实的"倍数变化"，会放大农户生计资本之间的差异，这正是农户选择不同生计策略的依据和生计能力的内在表现。另一方面，各生计资本之间不是相互独立的，社会状态对其中一类资本的影响往往会对其他资本类型产生传导作用[2]。例如，农户社会状态改进后促进农户社会资本积累，在社会关系网络大背景下可以进一步作用于家庭金融资本等其他资本类型增长，直接表现为收入增加与收入来源多样化。本书以陕西省榆林市与延安市两市18个县（区）1060份农户调查问卷统计数据为研究样本，通过界定农户社会状态，在定量评估农户社会状态的基础上，分析农户社会状态的差异，进而比较社会状态改变前后研究区农户生计资本的变动情况，并对社会状态效应进行影响因素分析。这一研究不仅扩大了生计资本在可持续生计框架内的应用范围，同时也为研究区农民的可持续生计问题解决提供了新的研究思路，具有重要的现实意义。

---

[1]　苏芳，殷娅娟，尚海洋. 甘肃石羊河流域农户生计风险感知影响因素分析 [J]. 经济地理，2019，39（06）：191-197+240.

[2]　斯丽娟. 家庭教育支出降低了农户的贫困脆弱性吗？——基于 CFPS 微观数据的实证分析 [J]. 财经研究 2019，45（11）：32-44.

第一节　理论分析与方法提出

一　理论分析

农户是在风险性、脆弱性环境中的谋生者。一方面，依据英国国际发展部（DFID）制定的可持续生计分析框架，生计资本包含人力、物质、自然、金融和社会五种资本类型，农户通过自身拥有的权利、财产等不同生计资本组合实施生计策略完成生计目标[①]，提高生计能力。另一方面，从社会的角度看，每个农户都处在一个复合的具有社会特征的生态位中[②]。生态位理论不仅在生态学领域中具有丰硕的科研成果[③]，而且在社会科学中也得到了广泛的应用[④]。在农户生计方面，社会生态位理论也同样适用，可以从社会生态位本身以及社会生态位质量解释农户社会状态在农户生计中的应用。为了满足自己的生存和发展，以及与外界进行物质、能量和信息的交流，每个生态位都需要资源消耗、承载基地或活动场所[⑤]，农户个体和家庭占据社会生态位的众多网点。社会生态位质量反映对农户所能获取的社会与自然资源量的综合评价。农户通过不同的行为方式作用于社会环境，社会环境又为农户提供生存必要条件与选择性机会，并对其发展变化施以控制，不同程度地影响着生态位质量。一般情况下，社会生态位质量提高，个体消费的自然资源及其转化而来的物质资本增加。此外，人力资本在社会生态位质量提高方面扮演重要的角色，人力资本通过劳动和技术等方式使社会生态位转化为适当的自然资本和物质资本，最终提升农户生计资本，优化农户生计策略选择。因此，农户处于社会生态位支撑的以可持续生计为目标的环境中，不可避免面临相同或不

---

① 苏芳，徐中民，尚海洋.可持续生计分析研究综述 [J]. 地球科学进展，2009，24（1）：61-69.

② 李契，朱金兆，朱清科.生态位理论及其测度研究进展 [J]. 北京林业大学学报，2003，25（1）：100-107.

③ 万伦来.企业生态位及其评价方法研究 [J]. 中国软科学，2004（1）：73-78.

④ 祁新华.基于生态位理论的旅游可持续发展策略 [J]. 生态经济，2005（8）：92-94.

⑤ 邢忠.优化社会生态位——适应时代发展的城市规划理念探析 [J].重庆建筑大学学报（社科版），2001（1）：11-14.

同职业的合作与竞争，各个层级的生态位之间纵向、横向的关联越来越密切，使得各个生态位都处在一个依附性的社会系统中。社会系统为个体间的交流提供了便利，农户处于越高的社会生态位，越能够和不同圈子的个体建立联系，接触到多样化的信息[①]，最终通过社会环境相互促进，实现生计可持续发展。本书借助可持续分析框架和社会生态位理论，考察社会状态在可持续生计框架的基础上对农户生计资本的影响，为此提出社会状态影响下农户生计运作框架（见图7-1）。

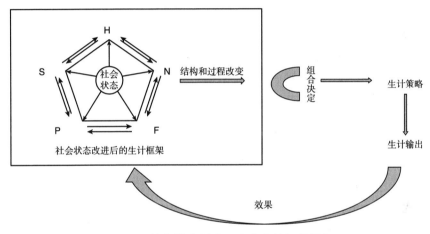

图7-1　社会状态影响下农户生计运作框架

二　研究区与数据描述

陕西省位于我国西北内陆地区，榆林市与延安市两市位于陕西省北部，是黄土高原的主要组成部分，有丘陵沟壑区、风沙草滩区、低山丘陵区等多种复杂地形。榆林市作为北方防沙带的中心位置，发挥固沙防风、蕴含水源等重要作用，该市与毛乌素沙地、内蒙古高原接壤，地貌复杂，全年平均气

---

① 徐章星，张兵，刘丹.市场化进程中社会网络对农地流转的影响研究[J].南京农业大学学报（社会科学版），2020，20（6）：134-147.

温较低，冬季长达四个月，夏季昼夜温差较大，降水分布不均匀；延安市由于其特殊的地理位置和红色人文历史，为当地经济发展注入了新的活力。以上两市是典型的农业与牧业交错、工矿过渡地带，生态环境变化大且脆弱，城市与农村经济差距大，农户生计收入不稳定，

本次研究数据来源于在陕北榆林市、延安市下辖 18 个县（区）进行的入户问卷调查。经过了解和借鉴相关学者的研究，针对本书的研究主题选取相应的指标。通过采取随机抽样方法，对陕北延安市、榆林市下辖的 18 个县（区），按照每个县（区）4 个镇，每个镇 2 个村，每个村随机选取 10 户家庭进行调查，总访问量为 1440 户，剔除了重要信息缺失的样本，最后整理得到有效问卷 1060 份，问卷有效率为 73.61%。

三　社会状态及改进后生计资本指标描述

目前，几乎没有证据表明社会状态对农户经济的影响，特别是对农户生计资本与农户返贫风险的影响及社会状态本身的影响因素。鉴于此，有必要确定哪些变量影响农户的社会状态，即使用哪些具体的指标来表示社会状态。其中，参与社交网络是定义一个人社会状态的主要指标，因为所有的社交网络都需要人去维持，如与亲朋好友及邻居的关系情况、是否加入农村社会组织等都是农户个体所能决定的社会状态。换言之，可以用他们在社会中的参与程度来指示和衡量农户的社会状态以及个人与社会的互动。

因此，本书基于问卷选取 8 个相关指标对农户的社会状态进行界定。家庭居住地周边交通便利程度可以反映农户社会状态差异的可能性，交通便利程度越高的农户越有可能获取一些非农信息或者从事非农工作来使生计策略多元化，反之农户更容易缺失融入城市发展的机会而采取单一化的生计策略，应对返贫风险的能力相对较弱。将这一指标分为五个等级，从低到高分别是非常不方便、不方便、一般、方便、非常方便，对其分别赋值为 1、2、3、4、5。

是否加入社会组织、家庭成员中是否有村委会成员及参加社会组织活动程度三个指标可以描述农户社会状态变更。参与社会组织、家庭中拥有村委

会成员及经常参加社会组织举行的活动可以加深农户社会资本积累，当面对同样的生计风险，社会资本积累较多、社会状态较好的个人及家庭更容易应对风险。将前两个指标选项"是"赋值为1，选项"否"赋值为0，将参加社会组织活动程度划分为从不、偶尔、一般、经常、总是，分别赋值1、2、3、4、5。

获取农产品市场信息的能力可以从某种程度解释农户社会状态的作用。农户或通过网络，或通过亲朋好友的告知等方式获取农产品市场的相关信息。当农户拥有信息优势时，更容易掌握农产品市场的供需与价格情况，从而获取更高与多元化的收入；反之则机会较少，应对风险的能力较差。将问卷结果分为五个等级并对其赋值，分别为很差赋值为1，较差赋值为2，一般赋值为3，较高赋值为4，非常高赋值为5。

家庭成员与亲戚朋友的关系、家庭成员与邻居的关系及与亲友熟人是否经常联系这三个指标可以描述农户社会状态。关系越好、联系越频繁则可以代表农户社会状态越高，反之则说明农户处于低社会状态。将这三个指标也进行五等级划分与赋值，前两个关系指标描述为很不好、不好、一般、较好、非常好，分别赋值为1、2、3、4、5；与亲友熟人是否经常联系这一指标描述为从不联系、偶尔联系、联系一般、经常联系、总是联系，并对其分别赋值为1、2、3、4、5。

生计资本对农户的生计活动有直接的影响，在农户选择生计策略和应对生计风险中具有举足轻重的地位[1][2]。在可持续生计框架的基础上将生计资本划分为自然资本、人力资本、物质资本、金融资本和社会资本五类[3][4]。本书对社

① 黄娟，李阳兵，徐倩等.可持续生计框架下黔中岩溶山区农户生计资产差异研究——以后寨河流域为例[J].干旱区资源与环境，2020，34（4）：80-87.
② 陈良敏，丁士军，陈玉萍.农户家庭生计策略变动及其影响因素研究——基于CFPS微观数据[J].财经论丛，2020（3）：12-21.
③ Perz S，Leite F，Griffin L，Hoelle J，Trans-Boundary Infrastructure and Changes in Rural Livelihood Diversity in the Southwestern Amazon：Resilience and Inequality[J]. Sustainability，2015，7（9）：12807-12836.
④ 王永静，胡露月.乡村旅游视角下农户生计资本对生计策略影响研究——基于重庆乡村旅游地农户调查数据[J].生态经济，2020，36（3）：143-148+196.

会状态指标进行测度并依据相关学者的研究选取改进后的资本类型指标[1][2]，社会状态及改进后的农户生计资本评价指标体系如表 7-1 所示。

表 7-1 社会状态及改进后的农户生计资本评价指标体系

指标类型	指标	指标定义及描述
社会状态	家庭居住地周边交通便利程度	非常不方便 =1；不方便 =2；一般 =3；方便 =4；非常方便 =5
	是否加入社会组织	是 =1；否 =0
	参加社会组织活动程度	从不 =1；偶尔 =2；一般 =3；经常 =4；总是 =5
	获取农产品市场信息的能力	很差 =1；较差 =2；一般 =3；较高 =4，非常高 =5
	家庭成员中是否有村委会成员	是 =1；否 =0
	家庭成员与亲戚朋友的关系	很不好 =1；不好 =2；一般 =3；较好 =4；非常好 =5
	家庭成员与邻居的关系	很不好 =1；不好 =2；一般 =3；较好 =4；非常好 =5
	与亲友熟人是否经常联系	从不 =1；偶尔 =2；一般 =3；经常 =4；总是 =5
人力资本	年龄	小于 30 岁青年型 =1；30~45 岁中青年型 =2；45~65 岁中年型 =3；大于等于 65 岁老年型 =4
	受教育程度	小学及以下 =1；初中 =2；高中或中专 =3；大专或本科 =4；本科以上 =5
	健康状况	非常差 =1；较差 =2；一般 =3；良好 =4；非常好 =5
	劳动力数量	个数
物质资本	交通工具数量	个数
	住房情况	房间数（赋值：混凝土房 =1；砖瓦 / 土木房 =0.7；窑洞 =0.4）
自然资本	实际种植面积	亩数
	所种作物种类	种类数

① 王雪琪，朱高立，邹伟 . 农户生计资本、家庭要素流动与农地流转参与 [J]. 长江流域资源与环境，2021, 30（4）：992-1002.
② 邵雅静，员学锋，杨悦等 . 黄土丘陵区农户生计资本对农业生产效率的影响研究——基于 1314 份农户调查样本数据 [J]. 干旱区资源与环境，2020, 34（7）：8-15.

续表

指标类型	指标	指标定义及描述
金融资本	过去一年总收入	对总收入取对数后的连续型数值
	获得信贷容易程度	没机会 =1；不容易 =2；一般 =3；较容易 =4；非常容易 =5
	贷款渠道数量	个数
社会资本	参加社会组织活动程度	不参加 =1；几乎不 =2；偶尔 =3；经常 =4；总是 =5
	是否有干部	否 =0；是 =1
	对周围人的信任程度	没有 =1；不多几个 =2；一半 =3；大多数 =4；全部 =5
	是否获得社会捐赠（钱或物）	否 =0；是 =1

四　社会状态及改进后生计资本测算方法

熵值法可以考虑到不同指标所提供的信息量差异，能减弱人的主观干扰，使计算更为客观[①]，计算值反映不同指标信息量大小。社会状态各指标体现信息量的差异，赋值体现信息量的程度大小，即可以使用熵值法测算农户社会状态。对数据进行标准化消除量纲后的测算方法如下所示。

第一步，计算第 i 个指标的熵值，公式如下：

$$H_i = -\frac{1}{\ln n} \sum_{j=1}^{m} P_{ij} \ln P_{ij} \qquad (7\text{--}1)$$

$$P_{ij} = \frac{E_{ij}}{\sum_{i=1}^{n} E_{ij}} \qquad (7\text{--}2)$$

式中，i=1，2，…，n；j=1，2，…，m；H_i 为第 i 个指标的熵值；P_{ij} 表示单个农户标准值在总和中的占比；n 为样本量；m 为指标个数。

第二步，通过各个指标的熵值，即可得到指标权重，公式如下：

[①]　朱建军，胡继连，安康等 . 农地转出户的生计策略选择研究——基于中国家庭追踪调查（CFPS）数据 [J]. 农业经济问题，2016，37（2）：49-58+111.

$$W_j = \frac{1 - H_i}{m - \sum_{j=1}^{m} H_i}$$ （7-3）

式中，W_j 为指标权重。

第三步，通过熵值法获得各指标权重后，即可对农户社会状态进行测算，公式如下：

$$T_i = \sum_{j=1}^{m} W_j \times E_{ij}$$ （7-4）

式中，T_i 为第 i 个农户的社会状态值。

第四步，考虑社会状态影响的生计资本值可通过社会状态值进行测算，测算公式如下：

$$M_i = \sum_{j=1}^{m} S_i \times (1 + T_i)$$ （7-5）

式中，M_i 表示第 i 个农户考虑社会状态后的生计资本值，S_i 为第 i 个农户原有的生计资本值。

五 社会状态对生计资本的效应模型构建

由于本书的被解释变量农户社会状态效应大小属于有序的离散变量，因此本书选择有序 Logit 模型来评价社会状态对生计资本产生的效应，以期得到影响社会状态效应的因素。公式为：

$$P(y = j \mid X_i) = \frac{1}{e^{-(\alpha + \beta X_i)}}$$ （7-6）

式中，y 代表农户社会状态效应某一范围的概率，X_i 表示第 j 个指标。

在公式（7-6）的基础上构建累积 Logit 模型，公式如（7-7）所示。

$$\text{Logit}\left(P_j\right) = \ln\left[P\left(y \leq j\right) / P\left(y \geq j+1\right)\right] = \alpha_j + \beta Xp \qquad (7-7)$$

式中，$P_j = p(y = j)$；X 为影响社会状态效应的解释变量；β 为与 X 对应的回归系数；a_j 表示截距。在得到 a_j 和 β 的参数估计后，某种特定的情况如 $y = j$ 发生的概率为：

$$P(y \leq j \mid X) = \frac{e^{-\left(\alpha_j + \beta X_i\right)}}{1 + e^{-\left(\alpha_j + \beta X_i\right)}} \qquad (7-8)$$

第二节　实证分析结果

一　农户社会状态结果分析

在理论分析、确定研究方法、整理数据和筛选相关变量的基础上，对农户社会状态进行测算与分析。首先依据公式（7-2），计算得到研究区农户社会状态各指标权重（见图7-2），图中 X1 表示家庭居住地周边交通便利程度、X2 表示是否加入社会组织、X3 表示参加社会组织活动程度、X4 表示获取农产品市场信息的能力、X5 表示家庭成员中是否有村委会成员、X6 表示家庭成

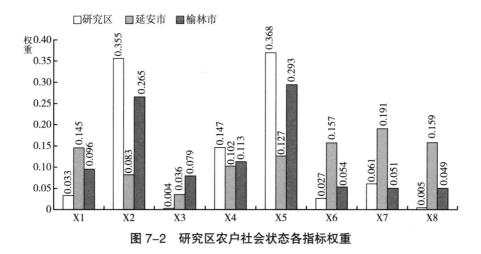

图7-2　研究区农户社会状态各指标权重

员与亲戚朋友的关系、X7 表示家庭成员与邻居的关系、X8 表示与亲友熟人是否经常联系。

由图 7-2 可看出，家庭成员中是否有村委会成员（X5）、是否加入社会组织（X2）、获取农产品市场信息的能力（X4）在整个研究区农户社会状态体系中比重较大，说明在整个研究范围内，以上三个指标对研究区农户社会状态值影响较大；相反，参加社会组织活动程度（X3）、与亲友熟人是否经常联系（X8）两个指标在研究区农户社会状态中所占的比重较小，说明从整体来讲，是否经常参加社会组织活动、是否经常与亲友熟人联系并不会特别影响研究区农户社会状态情况。

分开来看，相同的指标设置在榆林市和延安市指标权重上存在差异。具体表现为是否加入社会组织（X2）与家庭成员中是否有村委会成员（X5）两个指标对榆林市农户社会状态的影响较大。家庭居住地周边交通便利程度（X1）方面，延安市权重略高于榆林市。参加社会组织活动程度（X3）与获取农产品市场信息的能力（X4）两个指标权重相近，即对榆林市农户社会状态的影响程度相当。权重较小的三个指标分别是家庭成员与亲戚朋友的关系（X6）、家庭成员与邻居的关系（X7）、与亲友熟人是否经常联系（X8），说明对于榆林市受调查的农户来讲，与邻居或亲朋好友的关系对自身社会状态的影响十分有限，当地农户更偏向通过当地的社会组织等获取相关信息或者有目标地改善自身的社会状态来抵御生计风险。

延安市农户社会状态与榆林市相比，各指标权重之间差异相对较小，具体表现为家庭居住地周边交通便利程度（X1）、家庭成员中是否有村委会成员（X5）、家庭成员与亲戚朋友的关系（X6）、家庭成员与邻居的关系（X7）、与亲友熟人是否经常联系（X8）这几个指标权重较大，表明比起一些没有血缘关系的社会组织等，延安市农户更倾向通过改善自己与周围邻居或亲友的关系来维持自己的社会状态。参加社会组织活动程度（X3）权重最小，说明参与活动本身并不会过多影响农户社会状态。

依据公式（7-4）对农户社会状态进行测算，分别得出研究区总体、延安市与榆林市农户社会状态情况。榆林市社会状态均值为 1.480，最大值与最小值分别为1.914、1.109，标准差为0.221；延安市农户社会状态均值为1.366，最大值1.965，最小值0.913，标准差为0.174。

比较发现，虽延安市社会状态最大值高于榆林市，但均值、标准差与最小值均小于榆林市相应的社会状态值，说明延安市农户的社会状态整体上相对较差，且较多农户社会状态与均值保持相当，但存在极少数农户社会状态异常值的个例。榆林市农户社会状态总体水平相对较好，但从标准差可以发现，差异化表现较为突出。为了进一步了解与分析研究区农户社会状态，测算各指标值在农户整体社会状态值中的占比，如表7-2所示。

表7-2 社会状态指标值占比情况

单位：%

地区	占比	X1	X2	X3	X4	X5	X6	X7	X8
榆林市	最大占比	15.1	37.6	11.7	18.9	41.0	9.3	8.8	8.5
	最小占比	5.3	16.4	4.5	6.2	18.3	3.8	3.4	3.2
	平均占比	9.0	28.1	7.4	12.5	24.9	6.3	6.2	5.7
延安市	最大占比	22.8	12.3	4.9	15.2	17.9	22.8	26.7	19.4
	最小占比	9.8	5.0	2.1	6.4	7.3	12.3	12.7	9.5
	平均占比	16.7	8.9	2.5	11.4	9.4	18.1	22.1	11.0
研究区	最大占比	6.2	49.4	0.6	24.6	50.8	4.9	11.0	0.7
	最小占比	2.1	21.9	0.2	8.0	22.6	2.0	3.3	0.3
	平均占比	3.9	38.4	0.3	16.8	29.5	3.3	7.5	0.4

分析各社会状态指标值的占比情况后，从农户各指标值在农户总体社会状态值中的最大与最小占比可知，不同地区农户、同一地区不同农户的社会状态影响指标千差万别。由各指标占农户社会状态的比重平均值可知，将榆林市与延安市作为一个研究整体，是否加入社会组织（X2）指标值占总体社会状态值的比重最大，达到38.4%，即加入社会组织对社会状态影响明显。在榆林市受调查农户中，家庭成员中是否有村委会成员（X5）在所有指标中最大占比最高，即家庭中是否有村委会成员确实对家庭的社会状态情况有较大影响；与亲友熟人是否经常联系（X8）指标值占比最低，即大部分农户认为

与亲友熟人是否经常联系和社会状态相关性较小，更倾向于用其他方法扩大自己的社会网络。在延安市，农户更注重通过家庭成员与邻居的关系维护自己的社会状态，平均占比为22.1%，参加社会组织活动程度（X3）不是主要发力点。以上分析表明，在所调查的所有农户中延安市农户更倾向于在原有的社会关系网络中维系和改善自己的社会状态，而榆林市农户更倾向于重构自己的社会关系网络来改善自己的社会状态。

二 农户考虑社会状态前后生计资本测算结果分析

由式（7-4）和式（7-5）分别计算得出考虑社会状态前后的农户生计资本值（见表7-3）。以 S_h、S_p、S_n、S_f、S_s、S_t 表示没有社会状态影响的农户各生计资本值，以 M_h、M_p、M_n、M_f、M_s、M_t 表示考虑社会状态指标后，社会状态影响下农户各生计资本值。

表7-3　农户生计资本值

资本类型	符号表示	最大值	最小值	均值	标准差
人力资本（H）	S_h	0.318	0.183	0.252	0.026
	M_h	0.790	0.455	0.628	0.065
物质资本（P）	S_p	0.147	0.080	0.106	0.011
	M_p	0.367	0.198	0.264	0.027
自然资本（N）	S_n	0.124	0.075	0.097	0.009
	M_n	0.308	0.188	0.242	0.023
金融资本（F）	S_f	0.208	0.113	0.163	0.018
	M_f	0.519	0.281	0.405	0.046
社会资本（S）	S_s	1.118	0.566	0.741	0.180
	M_s	2.782	1.408	1.844	0.449
生计资本（T）	S_t	1.831	1.073	1.360	0.197
	M_t	4.557	2.669	3.384	0.490

若不考虑社会状态对各生计资本的影响，研究地区农户生计资本均值为1.360，即研究地区农户生计资本偏低，农户抵御各种生计风险的能力一般；

标准差为 0.197，说明研究地区农户生计资本整体上差异较小，大多数在 1.360 周围波动。

生计资本的构成组分方面，该地区农户各生计资本分布不均，在所调查的农户中，各类生计资本均值大小顺序为：社会资本 > 人力资本 > 金融资本 > 物质资本 > 自然资本。在这五种生计资本中，社会资本均值最大，为 0.741，这说明农户的社会资本对农户生计资本影响较大，农户拥有的社会资本是获取更高生计收入的重要渠道。其次是人力资本，均值为 0.252，人力资本是家庭生计的基础，其中，劳动力数量与受教育程度在人力资本中权重较大，说明当劳动力数量较多且受教育程度较高时，可选择的生计策略相对丰富，可以维持农户的生计水平。再次是金融资本，均值为 0.163，这与农村地区长期的生活方式及该地区产业基础薄弱有关，农户家庭每年获得的收入极为有限，贷款渠道单一，较难获得信贷。自然资本与物质资本均值较小，分别为 0.097、0.106，物质资本薄弱可能是因为当地基础设施薄弱，地形等因素很大程度上限制了大型农用机械与交通工具的使用。自然资本均值最小可能是由于目前研究地区总人口数量庞大，人均耕地面积较少，人地关系紧张[①]。加之陕北地区矿产资源过度开发对水资源、土地资源等伤害极大，导致了该地区植被遭到破坏，土壤、水源、大气受到污染，农户耕地和种植面积、农作物种植种类受到影响。

考虑社会状态后，一方面农户各生计资本均值较之前都有所提高，另一方面农户之间的生计资本差异真正得以体现。具体表现为农户生计资本均值由 1.360 增加至 3.384，且农户各生计资本均值在社会状态作用下增加程度有所差异。

其中，社会状态对社会资本的影响最为明显，具体表现为社会资本均值增加最多。人力资本均值由 0.252 增加至 0.628，增加了 0.376；物质资本均值由 0.106 增加至 0.264，增加了 0.158；自然资本均值由 0.097 增加至 0.242，增加了 0.145；金融资本均值由 0.163 增加至 0.405，增加了 0.242；社会资本均

---

① 李坦，陈敏，王欣. 生计资本、环境风险感知对农户厨余垃圾治理支付意愿的影响 [J]. 农林经济管理学报，2020，19（5）：643-653.

值由 0.741 增加至 1.844，增加了 1.103。生计资本差异从标准差、最大值与最小值的变化可以明显观测到。当不考虑社会状态时，农户生计资本标准差为 0.197，考虑后增加至 0.490，且最大值与最小值的差值也由 0.758 增加至 1.888，这说明考虑社会状态后研究区样本农户中的生计差异得以充分体现，即大多数农户的生计资本值不再与均值保持较小差距。社会状态较好的农户生计资本值向高于均值的方向偏离，而社会状态较差的农户生计资本值向低于均值的方向偏离。需要指出的是，面对同样的社会状态界定标准，不同的农户个体社会状态不同，即有的农户拥有更高的社会状态而有的农户社会状态相对较低。例如，有的农户家中有村委会成员且与邻居亲友的关系较好，加之家庭所处的地理位置更优越，交通更便利，因此更容易获取生活和涉农相关的信息与机会；相反，如果农户家庭住址离城镇较远，交通不便，则拥有相对较低的社会状态，他们的生计资本就会相对较低，抵御返贫风险的能力也低。为了更明显地呈现考虑社会状态前后对比情况，绘制了生计资本均值对比图（见图 7-3 ）。

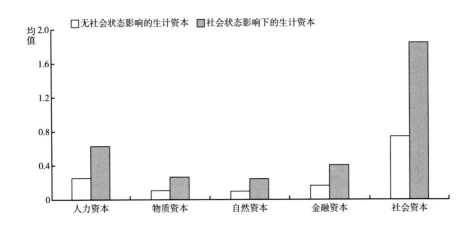

图 7-3　农户生计资本均值对比

由图 7-3 可以明显看出，陕北地区榆林市与延安市两地农户考虑社会状态影响的各生计资本均值均高于不考虑社会状态影响的生计资本均值，尤其是社会资本与人力资本，即社会状态对社会资本与人力资本的增强作用最为明显。一方面，主要是因为农户多以乡村聚集，村民之间形成了地缘、血缘等社会关系[1]，而且，由于农村普遍存在强烈的宗族意识，因此他们更重视维持社会关系网络，通过这种方式可以增强村庄内各个家庭成员的社交网络，并提高他们的互信程度，进而社会状态较高，无形中就增加了农户社会资本与人力资本的值。另一方面，本书认为人力资本与社会资本是与人类活动密切相关的资本要素，农户通过改变自己的社会状态，比较容易在短期内改变个人与家庭的社会资本与人力资本，而自然资本及物质资本与人类活动及社会状态的联系相对较弱，所以社会状态对自然资本及物质资本的影响相对较小。

综上分析，社会状态在不同地区农户之间、同一地区不同农户之间具有差异化的表现，各指标表现也有差异，因此社会状态会依据农户个体情况好坏影响每个农户的生计资本，且生计资本内部又可以互相转化与融合，最终影响农户生计能力与风险应对能力。这也是解释面临同样的生计风险时，风险对农户生计的影响不同的原因之一。有些农户面对生计风险有足够的风险应对能力与策略，现有的风险不足以对这部分农户构成返贫风险；相反，当农户处于低社会状态时，面对同样的生计风险，农户生计积累较少，内部转化不足以支撑解决生计困难，可选择的生计策略较少而面临的返贫风险较高，这意味着长期处于较低社会状态的农户风险应对能力不足。因此，较高社会状态对农户生计资本积累与返贫风险化解都具有重要作用，农户在日常生活中应该重视并不断改善甚至重构自己的社会状态。

三　农户社会状态效应对生计资本影响因素分析

将农户社会状态效应分为三类，分别定义为"社会状态富足""社会状态良好""社会状态缺乏"[2]。将参与社会组织活跃度、家庭中是否有村委会成员、

① 王福成，马素洁.浅析中国耕地和人口变化对小农经济转型升级的影响 [J].农村经济与科技，2020，31（11）：33-34+119.
② 王永静，胡露月.乡村旅游视角下农户生计资本对生计策略影响研究——基于重庆乡村旅游地农户调查数据 [J].生态经济，2020，36（3）：143-148+196.

家庭收入、获取农产品市场信息的能力、与亲友联系程度、劳动力数量、年龄、受教育程度、性别、通信网络等设施作为解释变量，运用有序 Logit 模型对设置的指标进行参数估计，在 1% 水平上显著，显示了该模型的建立有显著的统计学意义。得出的因变量阈值有 2 项。此外，劳动力数量对农户社会状态效应影响程度最大且呈正向影响，家庭收入、获取农产品市场信息的能力、与亲友联系程度、家庭中是否有村委会成员、年龄也显著影响农户社会状态效应，具体见表 7-4。

表 7-4　社会状态效应对生计资本影响因素的有序 Logit 回归分析

变量		回归系数	标准误	Walχ²	P 值	OR 值	OR 值（95% CI）
因变量阈值	1	−1.578	0.425	13.801	0.000	0.206	0.090~0.475
	2	1.062	0.422	6.346	0.012	2.892	1.266~6.606
自变量	年龄	−0.009*	0.004	4.540	0.033	0.991	0.982~0.999
	家庭收入	0.108*	0.043	6.449	0.011	1.114	1.025~1.210
	获取农产品市场信息的能力	0.129**	0.031	17.103	0.000	1.138	1.070~1.209
	与亲友联系程度	0.090*	0.038	5.419	0.020	1.094	1.014~1.179
	劳动力数量	0.251**	0.039	40.624	0.000	1.285	1.190~1.388
	参与社会组织活跃度	0.020	0.041	0.235	0.628	1.020	0.942~1.105
	受教育程度	0.019	0.049	0.146	0.702	1.019	0.925~1.123
	通信网络等设施	−0.037	0.038	0.916	0.338	0.964	0.894~1.040
	家庭中是否有村委会成员 =0	−1.950**	0.125	245.350	0.000	0.142	0.111~0.182
	家庭中是否有村委会成员 =1	0ᵃ					
	性别 =0	0.128	0.079	2.624	0.105	1.137	0.973~1.326
	性别 =1	0ᵃ					

注：* 表示 P<0.05；** 表示 P<0.01；a 代表此参数冗余，因此设置为 0。

劳动力数量对农户社会状态效应有显著的影响且呈现出 1% 的显著性水平。根据回归结果，回归系数为 0.251，表示劳动力数量对农户社会状态具有

正向影响，即家庭劳动力越多农户的社会状态效应越强；OR 值（优势比）为
1.285，意味着"劳动力数量"增加一个单位时，农户社会状态增加的概率会
增加 1.285%。可能的原因是每个农户个体都拥有自己的社会圈层，同一个家
庭中的不同个体会由于年龄、性别、兴趣、是否外出打工等因素而交往不同
的人，对于整个家庭来说，劳动力数量增加意味着社会状态效应无形中得到
了加强。

　　与家庭中拥有的劳动力多寡相似，与亲友联系程度也对社会状态效应产
生显著的影响，回归系数为 0.09，即农户与亲戚朋友联系越频繁，农户社会
状态效应会越强。具体来看，根据 OR 值（优势比）为 1.094，"与亲友联系程
度"每上升一个单位，农户社会状态效应就会有 1.094% 的概率为增加。可能
的原因是中国农村是一个典型的"人情社会"，中国自古以来就有亲友之间互
相帮衬的习俗，而与亲友联系的频次一方面可以解释亲友之间关系所呈现的
状态，另一方面也可以说明农户对亲友的信任情况。这些都会影响农户社会
状态甚至可以成为界定社会状态的一部分。

　　以家庭中有村委会成员为参照依据，家庭中没有村委会成员的农户在 1%
的显著性水平下社会状态较低。若家庭中有村委会成员就会产生 0.142% 的概率
社会状态表现为增加，相反，家庭中没有村委会成员就会减少社会状态增加的
概率。这是因为村委会成员是普通农户与政策引导者和其他农业工作者间的一
个纽带。他们在日常工作中有更多的机会接触到分工不同的社会成员，包括一
些农业上下游产业的工作者。他们往往汇集来自各个方面的信息，社会状态也
往往有异于普通农户。

　　获取农产品市场信息的能力是农户融入社会、获取收入的一种象征。与
家庭劳动力不同，获取农产品市场信息的能力是衡量个体与众多社会成员联
系并且获取有利信息的能力，而家庭劳动力拥有量则是衡量一个家庭即一个
小组织与外界建立一种有利于家庭社会状态的能力。由回归结果可知，获取
农产品市场信息的能力在 1% 的显著性水平上正向影响社会状态效应，回归
系数为 0.129。此外，由 OR 值（优势比）为 1.138 可知，"获取农产品市场信
息的能力"每上升一个单位，农户社会状态产生的效应就会有 1.138% 的概率

增加。

家庭收入在 5% 的显著水平上正向影响农户社会状态效应，回归系数为
0.108。且根据 OR 值（优势比）发现"家庭收入"每上升一个单位就会有
1.114% 的概率使得农户社会状态效应增加。这可能是因为家庭收入可以表征
一个家庭的经济情况，当农户家庭收入较多时，家庭成员有更大的储蓄能力
和消费欲望，可用于增长自己的见识和人情支出。此外，当农户拥有较高的
家庭收入，农户也有能力探索新的发展路径，促进发展多元化的同时也增强
了自己社会状态所产生的生计效应。

年龄对社会状态效应所产生的影响在 5% 的显著水平上表现为负向，回
归系数为 -0.009，即随着年龄的增长农户社会状态所产生的生计效应会越
来越小。进一步根据 OR 值（优势比）为 0.991 可知，"年龄"每上升一岁就
会有 0.991% 的概率使得农户社会状态效应减少。根据调查结果发现，调查
地区 21~35 岁农户只占总调查人数的 6.88%；36~50 岁农户占总调查人数的
35.38%；51~65 岁农户将近占总调查人数的一半，为 46.06%。在本次调查中
大部分农户为中老年型劳动力人口，这部分农户与中青年农户相比，社会状
态基本上已经稳定，很难通过一些自发因素改变自己的社会状态，即探索和
改变社会状态的能力和动机弱于年龄较小的农户。

为了进一步探讨社会状态在农户各生计资本中不同的效应，将调查区农
户考虑社会状态前后的物质资本、自然资本、金融资本、社会资本、人力资
本差值也通过均值分类法分为三类，分别定义为富足、良好、缺乏，进行影
响因素分析（见表 7-5）。分析结果显示，除了物质资本效应与自然资本效应
没有通过显著性检验外，其余均通过了拟合检验。

表 7-5　社会状态效应对各生计资本影响因素的有序 Logit 回归分析

变量		人力资本效应		社会资本效应		金融资本效应	
		回归系数	P 值	回归系数	P 值	回归系数	P 值
因变量 阈值	1	0.255	0.516	0.289	0.468	0.046	0.913
	2	0.677	0.086	2.778	0.000	0.128	0.763

变量		人力资本效应		社会资本效应		金融资本效应	
		回归系数	P 值	回归系数	P 值	回归系数	P 值
自变量	年龄	−0.007	0.857	0.059	0.130	0.096	0.033
	家庭收入	−0.001	0.976	0.017	0.573	0.155**	0.000
	获取农产品市场信息的能力	0.133**	0.000	0.107**	0.005	0.021	0.586
	与亲友联系程度	0.279**	0.000	0.155**	0.000	0.105**	0.007
	劳动力数量	−0.020	0.619	0.227**	0.000	0.002	0.955
	参与社会组织活跃度	−0.003	0.468	−0.002	0.712	−0.011	0.011
	受教育程度	−0.083	0.082	0.057	0.245	−0.004	0.943
	通信网络等设施			−0.006	0.868	0.016	0.682
	家庭中是否有村委会成员 =0	−0.082	0.278			0.116	0.144
	家庭中是否有村委会成员 =1	0[a]				0[a]	
	性别 =0	−0.549**	0.000			−0.021	0.833
	性别 =1	0[a]				0[a]	

注：** 表示 P<0.01；a 代表此参数冗余，因此设置为 0。

由表 7-5 可知，社会状态影响因素主要对农户人力资本、社会资本与金融资本产生影响。

可能的原因是物质资本与自然资本本身需要长期的积累，特别是自然资本，几乎很难通过社会状态短期内改变。在通过显著性检验的三种资本类型之中，与亲友联系程度对三种资本效应都产生显著性正向影响，这是因为亲戚朋友是普通农户最有机会接触到的社会成员，是融入社会最直接最有效的途径。亲友不仅在日常农业生产中有机会充当劳动力提供帮助，而且是农户应对生计风险时除银行[1][2]外主要的资金借贷来源。此外，获取农产品市场信息的能力主要对人力资本和社会资本起作用，这主要是因为获取农产品市场信息的能力可以衡量农户的生计能力，而这种能力强弱主要影响的就是个体

[1] 龙子泉，徐一鸣，周玉琴等 . 社会资本视角下小型农田水利设施管护效果——湖北省当阳市两个农民用水户协会案例研究 [J]. 中国农村观察，2018（2）：16-29.

[2] 董海宾，李平，侯向阳 . 牧户生计风险应对策略对生计资本的响应研究——以内蒙古为例 [J]. 中国草地学报，2019，41（6）：143-151.

对家庭的人力贡献和社会贡献。以男性为参照，女性负向影响人力资本效应，主要是因为农户从事的工作大部分与力量相关，且大部分工作需要机械的帮助，而女性相对于男性，在力量方面天生存在劣势。家庭收入正向影响农户金融资本效应，主要是因为家庭收入本身就是金融资产的一部分。参与社会组织活跃度对金融资本效应的影响结果为负向，可能的原因在于参加活动时涉及一些活动花销与其他支出，这会使家庭支出增加。

第三节　结论与讨论

通过界定和计算社会状态，分析社会状态对农户生计资本的影响，进而探讨产生社会状态效应对生计资本的影响因素主要得出以下几点结论。

（1）研究地区农户社会状态整体一般，并且地区之间社会状态存在差异，具体表现为榆林市农户社会状态稍优于延安市农户社会状态。

（2）考虑社会状态之后农户各类型生计资本都有不同程度增加。社会状态对社会资本的贡献最明显，其次是金融资本，再次是人力资本，对物质资本和自然资本的影响相对较小。考虑社会状态后，研究区样本农户中的生计差异得以充分体现。

（3）不同因素对社会状态效应的影响不同，在现有可能影响农户社会状态效应的因素中，除年龄外，劳动力数量、获取农产品市场信息的能力、家庭中是否有村委会成员、家庭收入、与亲友联系程度都正向影响农户社会状态效应；且社会状态效应对不同的生计资本类型的影响也不同。

改善社会状态是农户改善生计的重要可控实施方式。农户通过积极改善自己的社会状态，获取有利的人力资本、社会资本、金融资本，进而影响物质资本与自然资本，最终在各生计资本的转化中实现生计改善。由于社会状态的影响一般比较隐蔽和模糊，不容易进行测算与分析，这部分影响往往不容易被提及和重视，因此与此相关研究较少。但这并不意味着社会状态对农户生计资本的影响微不足道。相反，在自然资本和物质资本一定的情况下，社会状态对提高生计资本与生计策略选择具有极为重要的作用。

　　本研究肯定了社会状态在生计资本中的作用，生计资本变化有益于改进农户的生计策略。但本研究仍然存在一些局限。一方面，研究中调查问卷收集的是截面数据，无法研究随时间变化的改变情况，未来可以进行跟踪调查，方便测算社会状态对农户长期以来生计资本的影响程度和影响变化情况。另一方面，在选取界定社会状态和影响社会状态效应的指标中参考了前人的研究和调查区的特定情况，未来可以进一步探讨适用于其他地区乃至所有地区的基本指标进行测算。总之，社会状态的研究为继续研究农户生计提供了一个新的视角和路线，丰富和拓展了当前的可持续生计理论与实践研究。

第八章 社会关系网络、生计资本与生计风险应对

　　农户是我国农村地区建设的主要驱动力量，其具有持续稳定的生计水平及风险应对能力对整个社会的发展具有重要意义。脱贫攻坚政策的有效实施已使我国的绝对贫困问题得到解决，而由机会差异、相对收入差距、社会状态差别等引发的相对贫困仍然存在，已"脱贫摘帽"农户仍存在较大的返贫风险。在巩固拓展脱贫攻坚成果与乡村振兴相衔接的时期，脱贫后农户的可持续生计逐渐成为学者们的关注热点与重点[1][2]。我国是一个典型的"关系型社会"，社会状态是其主要表现，也是有利于获取多元生计策略的有效路径。个人存在于以社交网络为纽带的社会状态中，并因受教育水平、交通通达度、获取信息能力等因素不同而产生不同等级的社会生态位。农户家庭的社会状态可通过其对社会关系网络的参与度来衡量，即农户家庭所拥有社会来往关系的疏密、亲疏情况。随着城市化进程的逐渐加快，农村居民的社会活动日渐丰富，社交网络渐渐扩大至城乡间，而非仅限于村镇内、村镇间，农户之间的社会关系网络也因此有所变化。农户间的社会关系网络对农户家庭的生计水平及风险应对能力有重要影响，是农户间建立社会来往关系的载体。因此，农户间社会关系网络的变化究竟会怎样影响农户生计及影响作用如何，是值得我们进一步探究的现实问题。

---

① 吴孔森，杨新军，尹莎．环境变化影响下农户生计选择与可持续性研究——以民勤绿洲社区为例 [J].经济地理，2016，36（09）：141-149.

② 刘春芳，刘宥延，王川．黄土丘陵区贫困农户生计资本空间特征及影响因素——以甘肃省榆中县为例 [J].经济地理，2017，37（12）：153-162.

国内外学者们已经就农户生计资本及生计风险应对能力、社会关系网络与农户生计等相关主题展开了大量研究并形成了丰富的研究成果。农户生计资本及生计风险应对能力的相关研究：生计资本不仅是影响和体现农户生计水平的基本要素，还是农户消除贫困、应对返贫风险的重点 [1][2]；农户是否会返贫，很大程度上取决于他们应对生计风险的能力，体现在生计风险与生计资本之间的关系上 [3]；返贫是由多重因素共同造成的，不同生计资本的缺失会带来不同的返贫风险 [4]；农户在面临较高生计风险的同时还面临风险的空间差异 [5]；人力资本、金融资本对农户生计风险应对策略的影响最为显著，因此从增加生计资本积累以提升抗风险能力的角度出发，可以通过提高农户的受教育程度和整体收入水平来有效提高农户的抵御风险能力 [6]。社会关系网络与农户生计的相关研究：社会关系网络相关主题的研究从 20 世纪后期起渐渐受到我国学者的关注，随后部分学者开始尝试将社会网络分析理论及方法应用到社会问卷调查及农户经济生活研究中 [7][8]；社会关系网络对农户生计发挥着不容忽视的影响作用，如社会关系网络会显著影响农户日常生计的维系状况，丰富的社会关系网络能够对农业技术扩散及农户生产水平提高发挥积极作用 [9]；农村社会组织的发展有利于农户社会资本的积累，良好的社会关系网络是农

---

① 杨琨, 刘鹏飞. 欠发达地区失地农民可持续生计影响因素分析——以兰州安宁区为例 [J]. 水土保持研究, 2020, 27 (04): 1-7.

② 苏芳, 宋妮妮, 薛冰. 后脱贫时期可持续生计研究展望 [J]. 地球环境学报, 2021, 12 (05): 483-497.

③ 尚海洋, 宋妮妮. 返贫风险、生计抵御力与规避策略实践——祁连山国家级自然保护区内 8 县的调查与分析 [J]. 干旱区地理, 2021, 44 (06): 1784-1795.

④ 俞福丽, 蒋乃华. 健康对农民种植业收入的影响研究——基于中国健康与营养调查数据的实证研究 [J]. 农业经济问题, 2015, 36 (04): 66-71+111.

⑤ Kebebe E, Shibru F. Impact of Alternative Livelihood Interventions on Household Welfare: Evidence from Rural Ethiopia[J]. Forest Policy and Economics, 2017, 75: 67-72.

⑥ 苏芳, 尚海洋. 农户生计资本对其风险应对策略的影响——以黑河流域张掖市为例 [J]. 中国农村经济, 2012 (08): 79-87+96.

⑦ 张文宏, 阮丹青, 潘允康. 天津农村居民的社会网 [J]. 社会学研究, 1999 (02): 110-120.

⑧ 黄瑞芹. 中国贫困地区农村居民社会网络资本——基于三个贫困县的农户调查 [J]. 中国农村观察, 2009 (01): 14-21.

⑨ 胡海华. 社会网络强弱关系对农业技术扩散的影响——从个体到系统的视角 [J]. 华中农业大学学报（社会科学版）, 2016 (05): 47-54.

户抵御生计风险过程中的一大助力[①]；社会关系网络能够显著影响农户家庭风险分担行为的选择及平滑消费[②]、促进农户贫困脆弱性的缓解[③]；农户间社会关系网络的规模及密度[④]、农户风险识别能力显著影响其可持续生计水平[⑤]。

综上所述，脱贫后农户是否会返贫主要取决于农户所面临生计风险等级与自身抗风险能力即生计水平两个方面。现有研究虽已关注到社会关系网络在农户应对生计风险过程中发挥着重要作用，也有部分研究通过定量回归等方法证实了这种作用[⑥⑦]，但对农户生计水平的测度仍然停留在农户个体生计水平层面。事实上，农户总是处于或大或小的社会关系网络中，要评价其真实的生计水平及风险应对能力应将其置于所处现实社会关系网络中。作为消除绝对贫困、实现脱贫攻坚目标主要地区之一的陕西省，在巩固拓展脱贫攻坚成果同乡村振兴有效衔接的过渡期，防止规模性返贫的发生、推进包括脱贫群众在内的广大人民过上更加美好的生活、朝着逐步实现全体人民共同富裕的目标继续前进，仍是当前社会经济发展的核心任务。本研究基于对地处陕西省关中平原的淳化县 LY 村农户生计与农户社会关系网络的调查与分析，分别测度在不考虑社会关系网络、考虑社会关系网络两种情况下的农户生计资本状况，揭示社会关系网络对农户生计水平、农户风险应对能力的影响作用，以期为农户优化生计资本结构、提高家庭生计水平、提升返贫风险应对能力提供合理化建议，为脱贫地区经济实力显著增强、乡村振兴取得重大进展、农村低收入人口生活水平显著提高、共同富裕取得更为明显的实质性进展提供科学对策。

---

① 尚海洋，胡玥.脱贫山区农村社会组织发展现状、问题及对策 [J].资源开发与市场，2024，40（03）：421-426.

② 尚海洋，樊姣姣.农村社会组织提升社会资本及应对生计风险的作用研究 [J].资源开发与市场，2022，38（10）：1231-1237.

③ 邓大松，杨晶，孙飞.收入流动、社会资本与农村居民收入不平等——来自中国家庭追踪调查（CFPS）的证据 [J].武汉大学学报（哲学社会科学版），2020，73（03）：103-114.

④ 赵雪雁，刘春芳，严江平.高寒生态脆弱区农户的社会网络及其风险分担效果——以甘南高原为例 [J].农业经济问题，2016，37（06）：17-24.

⑤ 胡江霞，文传浩.社会网络、风险识别能力与农村移民可持续生计——基于代际差异视角 [J].技术经济，2017，36（04）：110-116.

⑥ 王荣.社会网络对农户生计的影响研究 [D].兰州大学，2020.

⑦ 董晓林，熊健.市场化进程中社会网络对农户生计多样化的影响 [J].华中农业大学学报（社会科学版），2019（05）：71-77+168-169.

第一节　数据来源与研究方法

一　数据来源

本研究重点考察农户间的社会关系网络对生计资本、生计风险应对能力的影响作用。在对陕西省关中平原典型农村社会关系网络、农户生计状态进行多次现场调研的基础上，设计研究主题社会调查问卷，并于 2020 年 7~8 月对陕西省淳化县 LY 村的全体农户进行入户调查，得到研究工作所需数据。LY 村大部分农户以农业及畜牧业生产经营为家庭主要收入来源，村内农户间地缘、亲缘、血缘等关系较为紧密，具备典型中国农村社区的一般特征。因此，可将 LY 村域视为一个具有清晰边界的小型社会关系网络，以检验社会关系网络对农户生计水平、风险应对能力的影响作用。样点村域调研的内容主要涵盖两方面：一是通过与农户进行访谈了解农户村内社会关系网络，对每户农户所拥有社会关系的疏密、亲疏状况进行梳理；二是通过主题社会调查问卷调查农户家庭的生计水平状况，涵盖人力、物质、自然、金融、社会、信息 6 类资本。调研涵盖样点村农户全样本数据，其中访谈共了解 68 户农户的社会关系网络，得到 100% 的样本数据；问卷共发放 68 份，剔除无效问卷（农户 12、农户 24、农户 26、农户 62、农户 66、农户 67）后，收回有效问卷 62 份，问卷有效率为 91.18%。需要说明的是，为保证社会关系网络的完整性，本研究在分析中未将该 6 户农户从社会关系网络中剔除而是将其生计资本值视作 0，仅分析其余 62 户农户的生计水平。

二　社会网络分析

社会网络分析（Social Network Analysis，SNA）是一种从群体动力学角度出发，综合图论、社会学等知识以考察、分析社会关系及结构的社会科学研究方法，能够实现网络中各社会个体所处位置及个体间相互关系的量化表述。一个社会关系网络是由许多个"点"与"各点之间的连线"所组成的集合，"点"即社会个体，"线"即个体间关系，以"点""线"来表述网络关系是社会网络分析中最直观的形式，可通过构建网络关系矩阵并据此绘制网络关系图来实现可视化表述。除此之外，还可以用社会关系网络统计指标来反映一个社会关系网络的整体结构特征、网络中社会个体特征。例如，网络图密度能够反映网络中社会个体间关联关系的数量及紧密程度，图密度越大表明网络中社会个体间关联关系数量越多、联系越紧密；中心度指标代表了社会个体在网络中所处地位、对网络的重要程度，中心度越高意味着个体处于网络中越重要的位置；网络小团体分析能够识别网络中联系更加紧密的小社群，了解网络的内部结构、个体间凝聚力情况。社会关系网络从 20 世纪后期起渐渐受到我国学者的关注，随着网络分析范式的诞生，社会网络分析已由揭示网络结构特性的一种具体分析方法延伸为了一种理论框架[1]，并逐渐被广泛应用于社会学、管理学、经济学等学科[2][3]。

农村社会主要存在农户家庭成员与亲友之间来往所形成的人情关系网络，从亲友数量、走动频率等方面就可以直接体现出农户家庭社会关系网络的丰富或稀疏。社会网络分析的应用能够帮助实现社会关系网络中个体间联系状况的梳理、个体在其中位置状态的识别，且国内外已有许多研究证明社会关系网络对农户生计有或多或少的影响作用。基于此，本研究尝试以社会网络分析法评估社会关系网络对农户生计资本的影响作用，并通过对比考虑社会关系网络前后农户生计水平的相对变化，揭示社会关系网络对农户生计风险应对能力的影响作用。

① 王梦晗，苏明明.中国省际居民生计资本的网络结构及影响因素 [J].经济地理，2022，42（05）：36-44+94.
② 王温鑫，金晓斌，杨晓艳等.基于社会网络视角的土地整治重大项目实施风险识别与评价方法 [J].资源科学，2018，40（06）：1138-1149.
③ 李光勤，金玉萍，何仁伟.基于社会网络分析的 ICT 出口贸易网络结构特征及影响因素 [J].地理科学，2022，42（03）：446-455.

三　样点村社会关系网络构建

通过现场调研、农户访谈、入户调查等，结合农户对生计现状、社会关系网络相关问题的回应，构建包含样点村全体农户样本的社会关系矩阵 W。参考已有研究对农户间社会来往关系的界定[1][2][3][4]，本研究以农户在维持日常生计、应对生计风险时，与其来往密切农户间的主要来往关系来设定农户生计社会关系矩阵。主要包括以下三种判断标准：

（1）是否为因血缘关系来往密切的亲属？

（2）是否为若遭遇生计风险能够互相帮助的朋友／邻居？

（3）是否为因同属一个农村社会组织等工作关系而经常来往的朋友／邻居？

若农户 i 与农户 j 之间满足上述三种来往关系中的任一种，则 $W_{ij} = 1$；如果三种来往关系均不满足，那么 $W_{ij} = 0$；此外，将农户 i 与自身的社会距离视作 0，即 $W_{ii} = 0$。需要说明的是：其一，因上述三种农户间的来往关系均为双向关系，故本研究将农户间的社会关系视为无向关系；其二，因调研时间有限未能得到遭遇生计风险时上述三种来往关系的具体亲疏差异，故本研究将上述三种来往关系视作同等社会关系。

基于所设定的农户生计社会关系矩阵，以样点村的 68 户农户为社会关系网络中的"点"，以农户间的社会关系为社会关系网络中的"线"，构建样点村农户生计社会关系网络并应用 Gephi 软件实现该社会关系网络的可视化（见图 8-1）。

---

① 蓝菁，盛君，余奕宁等.退耕还林背景下农户收入的社会网络效应分析——以四川南江县白滩村为例 [J].中国土地科学，2017，31（03）：36-43.

② Hiwatari M. Social Networks and Migration Decisions：The Influence of Peer Effects in Rural Households in Central Asia[J]. Journal of Comparative Economics，2016，44（4）：1115-1131.

③ Huang D Y, Chang X Y, Wang H S. Spatial Autoregression with Repeated Measurements for Social Networks[J]. Communications in Statistics-Theory and Methods，2018，47（15）：3715-3727.

④ 蓝菁，李秋明.农地流转的社会乘数效应——对乡村治理之困与农民参与的分析 [J].华中师范大学学报（人文社会科学版），2021，60（06）：59-68.

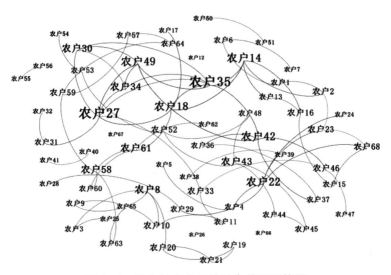

图8-1　样点村农户生计社会关系网络图

图片来源：作者绘制。

如前所述，网络中心度反映了农户在网络中所处地位、对网络的重要程度，就已有研究来看中心度一般是通过点度中心度（Degree Centrality）、中介中心度（Betweenness Centrality）来衡量的。密度反映的是网络中各农户与其他农户关联关系的紧密度，值越大表明该农户与其他农户来往关系数量越多、关系越紧密，该指标的侧重点在于对社会关系网络中各农户调用社会关系能力强弱的测度；中介中心度则代表网络中各农户的媒介能力，值越大意味着该农户促进其他农户间来往的作用越大，该指标更加侧重对各农户在社会关系网络中的社会地位高低的评价。

本研究在社会关系网络的可视化过程中，以点度中心度为主要指标来反映样点村各农户所拥有社会关系网络的丰富或稀疏，即在社会关系网络中各农户调用社会关系能力的强弱状况。依据图8-1，对各农户调用社会关系能力由强至弱进行排序及分类。可以看出，农户27、农户35拥有相对丰富的社会关系网络；农户14、农户18、农户22、农户42、农户49紧随其后，意味着这些农户在维持日常生计或是遭遇生计风险时调用社会关系的能力相对较强；农户12、农户26、农户66、农户67等基本没有村内社会关系网络，意味着这些农户在维持日常生计或是遭遇生计风险时几乎没有可以调用的社会关系。

四 基于社会关系网络的农户生计资本评价

（一）农户生计资本评价指标体系

参考 DFID 可持续生计分析框架及已有研究对农户生计资本的量化分析，并综合考虑样点村的实际情况，本研究选择与农户生计紧密联系的人力资本、自然资本、物质资本、金融资本、社会资本、信息资本 6 方面共 19 项具体指标，构建了样点村农户生计资本评价指标体系（见表 8-1）。

表 8-1 样点村农户生计资本评价指标体系及权重

总体目标	一级指标	权重	二级指标	符号	方向	权重
总生计资本（M）	人力资本（H）	0.2080	年龄（0.5：≤ 20 岁；2：21~35 岁；3：36~50 岁；1.5：51~65 岁；0.8：≥ 66 岁）	H_1	正	0.0296
			受教育程度（1：小学及以下；2：初中；3：高中或中专；4：大专及以上）	H_2	正	0.1366
			健康状况（1：非常差；2：较差；3：一般；4：良好；5：很好）	H_3	正	0.0305
			劳动力数量（人数）	H_4	正	0.0114
	物质资本（P）	0.0335	生活物资数量（个数）	P_1	正	0.0074
			房间数量（1：混凝土房；0.8：砖瓦房；0.5：土木房）	P_2	正	0.0261
	自然资本（N）	0.0424	耕地总面积（hm^2）	N_1	正	0.0211
			种植面积（hm^2）	N_2	正	0.0213
	金融资本（F）	0.1157	上年总收入（1：1 万元及以下；2：1 万 ~2 万元；3：2 万 ~5 万元；4：5 万 ~10 万元；5：10 万元以上）	F_1	正	0.0208
			获得信贷容易程度（1：没机会；2：不容易；3：一般；4：容易；5：非常容易）	F_2	正	0.0322
			贷款 / 借款资金渠道数量（个数）	F_3	正	0.0627

续表

总体目标	一级指标	权重	二级指标	符号	方向	权重
总生计资本（M）	社会资本（S）	0.4279	家庭中是否有干部（1：是；0：否）	S_1	正	0.1616
			不同意村委的决定，提出反对的次数（1：从来不提；2：极少提；3：有时提；4：经常提）	S_2	正	0.0316
			对周围人的信任程度（2.5：几乎全部；2：大多数；1.5：半数；1：少数；0.5：几乎没有）	S_3	正	0.0196
			获取帮助途径数量（个数）	S_4	正	0.1323
			是否参与干部选举投票（1：是；0：否）	S_5	正	0.0827
	信息资本（I）	0.1725	是否安装宽带（1：是；0：否）	I_1	正	0.0331
			对于农产品、旅游发展、政策等信息获取是否及时（1：是；0：否）	I_2	正	0.1133
			信息获取途径数量（个数）	I_3	正	0.0261

（二）农户网络生计资本测算

采用熵值法为各项指标赋权重，在此之前先以极差法对各指标进行无量纲标准化处理，然后据此计算样点村农户个体的各项生计资本量化值。公式如下：

$$M = \sum_{j=1}^{n} W_j Z_{ij} \qquad (8-1)$$

式中，M 为农户个体生计资本量化值；W_j 为第 j 项测量指标的权重；Z_{ij} 表示第 i 样本第 j 项测量指标的标准化数据（$i=1, 2, \cdots, m$；$j=1, 2, \cdots, n$）。

将农户个体置于其所处现实社会关系网络中时，衡量农户真实的生计水平还需要考虑农户所拥有社会关系对其生计水平产生的乘数效应，即需要在个体生计资本的基础上乘以一个能够反映农户调用社会关系能力的系数。参考已有研究，结合样点村的实际情况，本研究选择点度中心度值来代表这个系数，即以点度中心度值 C_i 来衡量农户 i 调用网络社会关系的能力，并据此计算农户网络生计资本量化值[①②]。公式如下：

$$M' = M \times C_i \quad\quad (8-2)$$

$$C_i = \frac{N(i)}{n-1} \quad\quad (8-3)$$

式中，M' 为农户网络生计资本量化值；$N(i)$ 为农户 i 实际拥有社会来往关系的数量，即与农户 i 直接相连的线条数；n 为样点村社会关系网络中所有农户的数量，$n-1$ 即农户 i 理论上可能拥有社会来往关系的最大数量。

第二节　结果与分析

一　社会关系网络对农户生计资本的乘数效应

基于样点村农户生计及社会关系网络等相关调研数据，运用熵值法、综合指数法、社会网络分析法计算得到不考虑农户社会关系网络、考虑农户社会关系网络两种情况下的各项生计资本量化值（见表8-2），据此验证并具体分析社会关系网络对农户生计资本的乘数效应。

表 8-2　农户生计资本与网络生计资本量化值对比

资本类型	农户生计资本				网络生计资本			
	均值	标准差	最小值	最大值	均值	标准差	最小值	最大值
人力资本	0.0525	0.0418	0.0000	0.1908	0.0543	0.0432	0.0000	0.1993
物质资本	0.0149	0.0073	0.0021	0.0298	0.0155	0.0076	0.0022	0.0320
自然资本	0.0140	0.0075	0.0021	0.0353	0.0145	0.0078	0.0022	0.0364

---

① Glenn L. Understanding the Influence of All Nodes in a Network[J]. Scientific Reports，2015，5（1）：8665.

② 巫锡炜，刀玮皓．中国各民族族际通婚的结构特征：基于社会网络分析的考察 [J]. 人口研究，2022，46（02）：3- 19.

续表

资本类型	农户生计资本				网络生计资本			
	均值	标准差	最小值	最大值	均值	标准差	最小值	最大值
金融资本	0.0426	0.0174	0.0081	0.0944	0.0441	0.0180	0.0083	0.0987
社会资本	0.1231	0.1113	0.0050	0.3586	0.1277	0.1153	0.0051	0.3746
信息资本	0.0781	0.0638	0.0000	0.1673	0.0809	0.0659	0.0000	0.1773
总生计资本	0.3252	0.1775	0.0453	0.7036	0.3370	0.1836	0.0480	0.7456

结果显示，不考虑社会关系网络的农户生计水平明显低于考虑社会关系网络的网络生计水平。就生计资本量化值来看，农户生计资本值、网络生计资本值分别为 0.3252、0.3370，表明将农户置于所处现实社会关系网络中的生计资本水平是仅考虑农户个体状况生计资本水平的 1.04 倍，即农户所拥有的社会关系网络能对生计资本产生相应的乘数效应。从村域生计资本类型来看，村域整体 6 类生计资本水平由高至低依次为社会资本 > 信息资本 > 人力资本 > 金融资本 > 物质资本 > 自然资本。

社会资本，是六类资本中的最高值，表明样点村农户生计资本水平对因地缘、亲缘、血缘关系所形成的社会资源的依赖性较强。由指标权重值可得，家庭中是否有干部、获取帮助途径数量 2 项指标对社会资本的影响较大。家庭中是否有干部反映了农户在村内的社会地位及可能拥有社会关系网络的疏密，例如，家庭中有干部的农户往往比较受尊重、社会关系网络较丰富；获取帮助途径数量则反映了农户应对生计风险时调用社会关系的能力及所拥有社会关系的亲疏。社会关系网络的构建能够增加家庭社会资本的积累。识别农户可调用及潜在可调用的社会关系网络，有助于进一步放大各类生计资本在家庭日常生计、生计风险应对过程中所发挥的效用。

信息资本，与人力资本、金融资本同属六类资本中的较高值，表明随着社会信息化进程的加快，样点村农户日渐重视信息资本。对于农产品、旅游发展、政策等信息获取是否及时对信息资本的影响最大，信息的及时获取有助于农户提前预防可能出现的生计风险、稳妥处理已经出现的生计风险，信息时效性的缺失不仅会使农户生计资本相对降低，而且会使农户更易陷入生计风险带来的致贫或返贫危机。社会关系网络的构建能够拓宽农户及时获取信息的来源，增加家庭的信息资本，促进信息资本在关系内共享，放大农户信息资本能够发挥的效用。此外，拥有较高信息资本的农户也更易与其他农户建立良好、亲密的社会来往关系，促进农户信息资本的积累及效用发挥。

人力资本，反映家庭中劳动力的数量、质量状况，是农户维持日常生计及应对生计风险能力的重要评估标准之一。农户受教育程度对人力资本的影响最大，该指标的相对高低能够在很大程度上反映户主自身的劳动力质量、家庭对教育的重视程度、家中劳动力质量。一方面，社会关系网络能够为农户发挥文化、劳动力等人力资本优势提供更多的关系链，为提升家庭生计水平提供更大可能性；另一方面，从长期来看，良好的社会关系网络会通过攀比等心理潜移默化地提升农户家庭对教育、劳动力质量的重视程度，人力资本积累越多应对生计风险能力越强。此外，人力资本更高（如文化程度较高）的农户往往更容易与其他农户维持良好的社会来往关系，以此形成一个良性循环。

金融资本，反映家庭经营性收入及可能获取的借贷收入，是农户维系日常生计、应对生计风险的资金支撑。家庭的贷款/借款资金渠道数量、获得信贷容易程度、上年总收入对金融资本的影响程度依次减弱。样点村农户整体是以农业收入为主，仅有13户农户以教师工资、畜牧业、副业收入为主，农户间的收入水平差异相对较小，因此农户间的金融资本差异主要体现在家庭可能获取的借贷收入水平上。一方面，社会关系网络的构建能够提高农户获取借贷收入的可能性，增加家庭的金融资本积累，提升农户应对生计风险的资金能力；另一方面，良好的社会关系网络也有助于农户家庭拓宽经营性收入来源、优化经营性收入结构，逐渐提升生计水平。

物质资本，与自然资本同属六类资本中的较低值。农户拥有的生活固定资产（房屋等）、农业生产资产（耕地等）是维持日常生计、应对生计风险的基础保障。由于样点村农户均属同一个以农业生产为主的村域，各农户拥有的物质资本、自然资本短期内不会发生较大变化且村内差异相对较小，因此这两类生计资本对农户整体生计水平提升的贡献率较低。不同于前四类生计资本在社会关系网络作用下能够在增加资本积累的同时对应放大资本效用，社会关系网络对物质、自然两类生计资本的乘数效应主要作用于资本的应用及生计风险应对能力上，该效应体现在样点村农户生计资本及其效用的整体放大中。

二 社会关系网络对农户生计风险应对能力的提升效力

社会关系网络的构建能够对样点村整体的农户生计资本产生明显的乘数效应，进而提升村域整体的农户生计水平，但因各农户家庭的生计资本结构存在差异且所拥有社会关系网络有丰富与稀疏之别，所以社会关系网络对不同农户生计资本的乘数效应即对生计风险应对能力的提升效力也会存在差异。生计资本的量化就是为了反映农户维持生计水平、应对生计风险的能力及潜力，即农户生计资本的高低与生计风险应对能力的强弱是成正比的[1]。为进一步剖析社会关系网络对农户生计风险应对能力所产生效力，依据生计资本值由大至小对所有样本农户进行排序，以反映农户个体在不考虑社会关系网络、考虑社会关系网络两种不同情况下生计资本水平的相对高低即生计风险应对能力的相对强弱（见表8-3）。

结果显示，仅就农户个体生计资本来看（见表8-3左），生计资本水平最高的10户农户依次是：农户34>农户20>农户56>农户55>农户53>农户52>农户65>农户58>农户57>农户22。从调研原始数据来看，主要是因为这10户农户的社会、信息、人力、金融资本中至少有一项水平较高，即使其中有些农户（如农户52、农户22）其他资本值很低，但因拥有这四类资本中的较大值，所以其总体生计水平处于相对较高位置。生计资本水平最低的10户农户依次是：农户8<农户32<农户6<农户60<农户29<农户13<农户39<农户30<农户2<农户61。分析调研数据发现同样是因为主要受社会、信

---

① 刘俊，张恒锦，金朦朦等. 旅游地农户生计资本评估与生计策略选择——以海螺沟景区为例 [J]. 自然资源学报，2019, 34（08）: 1735-1747.

息、人力、金融这四类资本值较低的影响。依上文所述，一般情况下，社会、信息、人力、金融资本值较高农户调用社会关系的能力更强，即更容易与其他农户建立良好的社会关系网络，因此社会关系网络会对其生计风险应对能力产生更明显的提升效力。对此，将农户个体置于样点村农户社会关系网络中（见表8-3右），可得生计资本水平最高的10户农户依次是农户34>农户20>农户56>农户55>农户52>农户53>农户65>农户58>农户22>农户57，对应生计资本水平最低的10户农户依次是农户8<农户32<农户6<农户60<农户29<农户13<农户39<农户30<农户2<农户61。

样点村农户生计水平相对排名的变化情况在很大程度上进一步印证了前述"社会、信息、人力、金融资本值较高农户通常调用社会关系的能力更强，社会关系网络会对其生计风险应对能力提升效力更明显"的结论。大部分农户在不考虑社会关系网络、考虑社会关系网络两种情况下的生计水平排名未发生变化，但其中有两类特殊农户的排名出现变化。一类是因调用社会关系的能力较弱，将其置于社会关系网络中后生计风险应对能力排名出现了下降，如农户28、农户50、农户53、农户57、农户7等。这类农户的家庭收入基本上非纯源自农业，兼有外出务工的副业、畜牧业、工资（企事业单位、政府部门等）收入等，可能因在外务工时间较长、房屋位置较偏、不善于人交往等原因而与村内其他农户来往较少，使其调用社会关系的能力较弱，因此社会关系网络对其生计风险应对能力的提升效应较弱。另一类是因调用社会关系的能力较强，将其置于社会关系网络中后生计风险应对能力排名出现了上升，如农户27、农户35、农户52、农户22、农户3等。其家庭收入大多主要源自农业收入，少数主要源自工资（企事业单位、政府部门等）或副业收入，因此可能因常年在家务农、社会地位较高而社会关系网络更为丰富、生计风险应对能力更强。由此可见，所拥有社会关系网络的丰富与稀疏即社会关系调用能力的强弱直接决定了社会关系网络对生计风险应对能力提升效力的大小，从而影响了农户生计风险应对能力的相对水平。

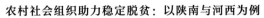

表8-3 农户个体生计资本、网络生计资本量化值及排序

	农户个体生计资本			农户网络生计资本		
排序	农户	生计资本	排序	农户	生计资本	
1	农户34	0.7036	农户34	0.7456		
2	农户20	0.6841	农户20	0.7147		
3	农户56	0.6802	农户56	0.6904		
4	农户55	0.6659	农户55	0.6759		
5	农户53	0.6302	农户52	0.6499		
6	农户52	0.6221	农户53	0.6491		
7	农户65	0.6152	农户65	0.6243		
8	农户58	0.5846	农户58	0.6195		
9	农户57	0.5719	农户22	0.5898		
10	农户22	0.5488	农户57	0.5890		
11	农户7	0.5398	农户3	0.5484		
12	农户3	0.5325	农户7	0.5479		
13	农户44	0.5297	农户44	0.5455		
14	农户16	0.4807	农户16	0.5022		
15	农户21	0.4699	农户21	0.4839		
16	农户25	0.4462	农户25	0.4528		
17	农户9	0.4338	农户9	0.4468		
18	农户63	0.4224	农户63	0.4350		
19	农户11	0.4108	农户11	0.4231		
20	农户40	0.4077	农户18	0.4151		
21	农户15	0.3974	农户40	0.4138		
22	农户18	0.3862	农户15	0.4093		
23	农户38	0.3694	农户68	0.3845		
24	农户68	0.3681	农户38	0.3749		
25	农户42	0.3422	农户42	0.3677		
26	农户49	0.3313	农户49	0.3560		
27	农户41	0.3292	农户41	0.3342		
28	农户47	0.2886	农户47	0.2930		
29	农户43	0.2667	农户43	0.2826		
30	农户4	0.2654	农户4	0.2734		
31	农户64	0.2625	农户64	0.2703		
32	农户5	0.2596	农户5	0.2635		

续表

农户个体生计资本						农户网络生计资本					
排序	农户	生计资本	排序	农户	生计资本	排序	农户	生计资本	排序	农户	生计资本
33	农户37	0.2539	33	农户23	0.1780	48	农户37	0.2615	48	农户33	0.1917
34	农户59	0.2488	34	农户17	0.1770	49	农户59	0.2599	49	农户23	0.1860
35	农户54	0.2448	35	农户35	0.1741	50	农户54	0.2485	50	农户17	0.1796
36	农户36	0.2343	36	农户51	0.1680	51	农户46	0.2436	51	农户51	0.1705
37	农户1	0.2340	37	农户10	0.1598	52	农户36	0.2413	52	农户10	0.1670
38	农户46	0.2331	38	农户2	0.1495	53	农户1	0.2410	53	农户61	0.1580
39	农户31	0.2265	39	农户61	0.1491	54	农户31	0.2333	54	农户2	0.1562
40	农户48	0.2167	40	农户39	0.1397	55	农户14	0.2275	55	农户30	0.1450
41	农户28	0.2121	41	农户30	0.1369	56	农户48	0.2232	56	农户39	0.1417
42	农户14	0.2117	42	农户13	0.1354	57	农户27	0.2193	57	农户13	0.1395
43	农户50	0.2049	43	农户29	0.1291	58	农户28	0.2152	58	农户29	0.1329
44	农户19	0.2040	44	农户60	0.1108	59	农户19	0.2101	59	农户60	0.1141
45	农户45	0.2015	45	农户6	0.0847	60	农户50	0.2080	60	农户6	0.0873
46	农户27	0.1986	46	农户32	0.0735	61	农户45	0.2075	61	农户32	0.0746
47	农户33	0.1835	47	农户8	0.0453	62	农户35	0.1923	62	农户8	0.0480

第三节 讨论与结论

一 讨论

在我国农村社会主要是因地缘、亲缘、血缘关系而形成的社会关系网络，农户不可能仅作为一个独立的个体进行生计活动，现实中的农户总是处于大大小小的社会关系网络中，因此对农户真实生计水平及生计风险应对能力的评价不能脱离其所处社会关系网络进行单独评价，而应将社会关系网络对其可能产生的乘数效应考虑进去。本研究对不考虑社会关系网络、考虑社会关系网络两种情况下农户生计资本的量化测度，并不是为单纯体现农户网络生计资本是个体生计资本的数值倍数，而是通过提出这种算法将社会关系网络对农户生计水平的放大效应体现出来。换言之，社会关系网络对农户生计水平的放大效应体现在生计资本应用于维持日常生计、应对生计风险的效力提升上，而非生计资本值的增加上。本研究之所以量化生计资本值是为了反映农户生计风险应对能力的强弱，直观反映社会关系网络对农户生计水平的正向影响作用。

本研究在研究视角、方法等方面有所创新，基于社会关系网络视角的农户生计水平评价更符合我国农村的实际情况，对农户网络生计资本的计算也为脱贫后农户的可持续生计研究提出了一种新思路。但本研究仍存在一些待进一步改进的地方。一是本研究因调研客观条件限制而将农户间的三种主要来往关系近似视为无向的、亲密度相同的社会关系，此后的研究将尝试进一步深入调研，更加真实地还原农户间的社会关系网络。二是本研究所选样点村为一个可近似视为封闭社会关系网络的行政村，可以按照本研究方法对农户网络生计资本进行评价，但若是将该方法推广至更大的社会关系网络或在不同社会关系网络之间进行分析比较，则需改进社会关系矩阵设定、社会关系网络构建方法。此后的研究应考虑针对农户间的来往关系判断设置包含但不限于如"您认为您在某个社会关系网络中处于哪个等级"等让农户自行判断分级打分的问题，以满足更大规模社会关系网络研究的需要。

二　结论

本研究基于对陕西省淳化县 LY 村农户生计与社会关系网络的全样本调研数据，构建样点村农户生计社会关系网络，综合应用熵值法、综合指数法、社会网络分析法测度不考虑社会关系网络、考虑社会关系网络两种情况下的农户生计资本，检验分析社会关系网络对样点村农户整体生计资本产生的乘数效应，并在此基础上进一步揭示社会关系网络对农户生计水平、农户风险应对能力的提升效力。结果显示：①相较于仅考虑农户个体生计，将农户置于所处现实社会关系网络中的农户网络生计资本有明显的放大，社会关系网络对农户生计水平有较为显著的乘数效应；②农户对社会关系调用能力的强弱直接决定了社会关系网络对其生计风险应对能力提升效力的大小，从而影响农户生计风险应对能力的相对水平；③社会、信息、人力、金融资本值较大的农户通常调用社会关系的能力更强，社会关系网络对其生计风险应对能力提升效力更明显。

根据上述研究结论，结合样点村农户生计的现实情况，为优化农户生计提出以下建议：①村域整体应重视农户社会关系网络对生计水平的积极作用，可通过增设有益的农村社会组织、丰富村内集体休闲娱乐活动等方式，为农户间社会来往关系的形成搭建较好的平台，扩大农户间社会关系的数量，增进农户间社会关系的亲密度，以丰富农户社会关系网络，使其对村域整体生计水平产生更加显著的放大效应，实现农户生计水平的提升；②农户个体应充分认识到自身与其他农户所有的社会关系数量与亲密度的差异会直接导致社会关系网络对其生计风险应对能力的差异化效力，主动加入农村社会组织、参加村内集体活动等，积极建立新的社会关系、加强已拥有社会关系来往，以提升自身在社会关系网络中的社会关系调用能力，增强各类生计资本应用于维持日常生计、应对生计风险能够发挥的效力；③村域整体和农户个体都应重视社会、信息、人力、金融资本的积累，重点关注社会地位的提升、紧密社会关系的维持、生计信息时效性与共享性的增强、受教育水平重视度的提升、家庭劳动力质量的改善、借贷收入能力的提升等。一方面，社会关系网络能够提升这四类资本应用于维持日常生计、应对生计风险效力的发挥，资本值越高该效力发挥越大；另一方面，这四类资本的提升能够为农户吸引更丰富的社会关系，使社会关系网络对其生计风险应对能力发挥更强的提升效力。

第九章 农村社会组织稳定脱贫作用提升的机制与路径

社会组织在贫困山区脱贫的作用提升方面具有重要意义。作为社会领域实体化的组织形式，社会组织既是国家治理的主体，也是国家治理的客体，其治理作用在国家治理体系中具有重要地位。《中共中央关于坚持和完善中国特色社会主义制度 推进国家治理体系和治理能力现代化若干重大问题的决定》的发布为社会领域的治理现代化提供了契机。随着中国市场经济的发展，贫困山区涌现出多样化的利益群体和利益格局。不同群体和利益集团之间的矛盾和冲突逐渐显现，人与社会、人与自然之间也存在各种问题。人民群众的利益诉求日益多样化，对自身权利、政治、法律等方面的意识也不断提高。人们希望能够更多地参与经济、政治、文化和社会事务的管理，因此整合群体利益成为重要任务。在这样的背景下，农村社会组织作为公民自组织团体，在脱贫山区具有不可替代的优越性。它们成为不同群体理性表达利益诉求、合理维护自身权益、实现自身意愿、整合群体利益、参与基层治理的重要平台。社会组织能够汇集脱贫山区各方力量，促进资源的整合和优化配置，推动产业发展、基础设施建设和公共服务改善，为贫困地区提供更多机会和支持，因此社会组织是中国公民参与基层治理的重要载体。但在调查中发现，陕南与河西两地区社会组织发展水平不一，地区内部县域社会组织发展也存在差异，主要表现在地区内部社会组织自身发展情况、农户对社会组织的了解程度与参与活动积极性、农户加入社会组织的数量与类型等方面。综合来看，尽管农村社会组织在促进乡村振兴、加强乡风文明建设以及增强乡村社会自治能力等方面发挥了重要作用，但作为乡村治理主体之一，农村社会组织仍然面临一些发展困境，需要探索相应的提升路径。

第一节　社会组织效能提升路径

一　建立健全社会组织信息公开机制

在脱贫山区，针对农村社会组织效能提升，公信力和透明度起着关键作用。一个社会组织只有建立在公信力和透明度的基础上，才能获得公众的信任和支持。尤其是在解决贫困问题、推动乡村振兴的过程中，社会组织需要展示其运作的透明性和公开性，以确保资源的合理分配和有效利用。只有这样，社会组织才能与公众建立良好的信任关系，其自身也才能更好地积聚社会资本[①]。我们可以借鉴发达国家社会组织的经验，特别是在信息公开制度方面。这些国家的社会组织之所以高度发达，主要是因为它们建立了健全的信息公开机制。通过公开透明的方式，社会组织的重要活动、资金使用情况以及相关信息对公众来说是可见的，这有助于增强公众对社会组织的信任和支持。同时，社会组织的运作受到公众的密切监督，从而减少了潜在的腐败问题。举例来说，澳大利亚就实行了高度透明的社会组织管理制度。捐款、财务收支、人员使用等方面的信息都应向社会公开，任何人都可以查询社会组织的档案资料（涉及国家秘密除外）。通过借鉴这些实践，脱贫山区的农村社会组织可以建立起信息公开制度，这将有助于增强公众对农村社会组织的信任和支持，同时也将创造一种公众监督机制，减少腐败的可能性。总之，透明与问责能够促进农村社会组织的发展，使其在促进稳定脱贫过程中发挥重要作用。当前，针对中西部农村社会组织的情况，建立行之有效的信息披露机制势在必行。信息披露机制应明确规定信息披露的范围、方式、真实性和违规惩罚等方面的具体要求。例如，应重视信息披露的完整性，确保社会组织详细披露资金的来源、使用过程和效果等关键信息。同时，及时披露也至关重要，社会组织应建立健全的透明财务体系，便于公众便捷查询资金使用

---

① 王君涵，李文，冷淦潇，仇焕广.易地扶贫搬迁对贫困户生计资本和生计策略的影响——基于8省16县的3期微观数据分析 [J]. 中国人口·资源与环境，2020, 30（10）: 143-153.

的详细情况。此外，我们还应注重信息披露方式的多样性，社会组织可以通过建立易于访问的信息披露系统，如网站或在线平台，主动披露相关信息，还可以通过发布运营公告、审计报告等方式，进一步提高信息透明度。

二　建立健全社会组织运营人才机制

在未来几年，随着经济增长方式的转变、行政改革的深化和社会建设的推进，社会组织将承担越来越多的社会职能，成为普通民众与政府之间的重要桥梁。社会组织将进一步展现其在社会中的重要作用和功能[①]。人们对社会组织的期望和要求不断提高，这给社会组织带来了适应性和创新性方面的压力。社会组织需要不断提升自身的服务质量，提高专业素养，以更好地满足民众的需求。这种趋势也适用于脱贫山区的农村社会组织，它们需要不断提升从业人员的工作能力和业务素质，走向专业化发展道路。在现代社会组织中，志愿者的参与体现了社会公益和互助精神，他们愿意奉献时间和精力，为社会组织的运作和发展贡献力量。而专业人员的聘请则为社会组织带来了专业技能和专业知识，他们能够更好地管理和运营组织，提高工作效率和质量。实现专业化的社会事业需要专业化的人才。

如果缺乏合理的管理，任何慈善机构都无法圆满地完成任务。调查发现，在陕南和河西脱贫山区，无论是服务类、互益类还是慈善类社会组织，它们都面临缺乏专业的人才进行管理运营的问题，如财务管理、公共服务管理和营销等方面的人才较少。这种情况导致当地社会组织的创新能力不足，并且在后继发展方面面临困难。因此，为了提升脱贫山区农村社会组织的作用，我们需要重视培养和吸引专业人才。通过提供相关培训和专业支持，社会组织可以提升其管理能力和运营效率。同时，也需要加强社会组织与高等教育机构、培训机构的合作，建立人才培养和引进的渠道，以满足社会组织对专业人才的需求。只有通过专业化的人才管理和运营，社会组织才能更好地发挥作用，实现可持续发展和社会目标。

[①]　李峰. 由分散到整体：中国社会组织治理模式改革研究 [D]. 吉林大学，2022.

三 建立健全社会组织信息化转型机制

政府职能的转移与陕南、河西脱贫山区农村社会组织的发展存在密切的互动关系。随着政府职能转变，社会组织承担越来越多的社会责任，并面临更高的发展要求。这种发展需要同时注重数量增加和专业化、多元化，应当以满足多样化的需求为目标，发展各类专业化社会组织，涵盖不同领域和服务范围。同时，互联网技术的快速普及和发展也为社会组织的发展提供了广阔的机遇。通过利用互联网技术，社会组织可以实现信息的瞬时传递和社会共享，更高效地与公众沟通，提供优质的服务，有效地承担政府转移的职能。一方面，互联网的发展为民众提供了快速、便捷的信息传递渠道，使个人间的信息交流和情感交流更加便利，民众可以通过社交媒体、即时通讯工具等互联网平台与他人进行交流和互动，促进了社会组织成员之间的沟通与联系。另一方面，随着经济发展和社会变革，公共领域和私人领域在社会中的边界日渐明显，民众对政治参与、利益表达、社会管理和信息交流等方面的需求日益增长且依赖于社会组织向政府传达。在这一背景下，陕南和河西地区的社会组织必须不断发展和创新，以适应民众需求的多样化和个性化，完善自身功能。

第二节 社会组织制度完善路径

一 构建党领导的社会组织治理制度

建立社会治理共同体的首要任务是确保正确的政治导向，加强和完善党的领导作用。党的领导是社会治理工作的重要保证和核心力量，必须始终坚持党的领导地位，确保党的意识形态、指导思想和工作部署的核心地位。在陕南、河西脱贫山区农村社会组织的发展中，需要建立全方位、全流程的党领导社会组织治理制度，以提升社会组织治理的效能。一方面，要加强党组织的统一领导，通过党委领导下的组织协调，促进政府、企业和社会组织之间资源的整合和优化配置[①]，提高社会组织的服务能力和治理水平。各方应积极合作，形成合力，共同参与社会治理，共同解决问题，共同推动社会组织在陕南、河西脱贫山区的发展和作用发挥。另一方面，党组织应扮演协调和联结的角色，促进上下级政府部门之间的协同合作。科层制和部门分割导致在社会组织治理中各级政府部门之间缺乏协作，这给社会组织提供无缝服务带来了障碍[②]。为解决这一问题，需要在党的领导下建立起上下级部门之间的紧密联系机制。党组织可以通过协调、指导和监督的方式，促使各级政府部门在社会组织治理中形成合力。通过加强沟通和协商，政府部门可以共同制定政策和行动计划，确保各级部门的工作协调一致，避免因科层制和部门分割而造成的信息壁垒和资源浪费。无论如何，要将党的领导充分融入社会组织治理的各个环节，通过党组织的领导和政府部门之间的协同合作，克服科层制和部门分割所带来的障碍，推动社会组织治理工作的顺利进行，为脱贫山区的发展提供有力支持。

二　践行党的群众工作方法，完善社会组织培育机制

中国共产党作为执政党，秉持着优良的群众工作传统，有深厚的群众基础，受到人民的衷心拥护[③]。然而，在当前中国社会组织发展的阶段，社会组织的规模尚未与庞大的 14 亿多人口相适应，社会组织的发展尚不能完全满足社会发展的需求。因此，贯彻党的群众工作路线，引导人民群众积极参与农村社会组织的治理，巩固社会组织的群众基础，对于农村社会组织的发展壮大具有重要的现实意义。一方面，要夯实农村社会组织的党建工作，扩大社会组织的群众基础。党组织在基层群众中享有非常高的公信力，加强和依靠社会组织的党建工作，克服党建工作与社会组织发展之间的困难，促进党建工作与社会组织发展之间的良性互动和有机衔接，可以有效提升社会组织的

[①]　邓大才 . 社会化小农：动机与行为 [J]. 华中师范大学学报（人文社会科学版），2006(03)：9-16.

[②]　黄辉祥 . 村民自治的生长：国家建构与社会发育 [D]. 华中师范大学，2007.

[③]　本书编写组 . 党的十六届四中全会《决定》学习辅导百问 [M]. 北京：学习出版社，2004：183.

社会认可度。另一方面，要发挥党员的先锋模范作用，引导党员积极参与农村社会组织服务。党员作为党组织的骨干力量，在农村社会组织中应发挥先锋模范作用，积极参与社会组织的服务工作，推动社会组织发展符合党的路线方针政策，为人民群众提供更优质的服务。通过党员的带头示范和积极引领，推动农村社会组织的良性发展，为农村社会的进步和发展做出更大贡献。我们国家的社会组织具有明显的社会主义属性，其发展必须依靠党的领导和建设。通过完善农村社会组织的党建工作，提升社会组织的自我管理和自我发展能力以及社会公共服务能力，使其在社区治理、社会援助等众多方面发挥重要作用。

三　完善基层党组织职能，推进社会组织依法治理

推进陕南、河西脱贫山区社会组织的依法治理是至关重要的。在这一过程中，有三个关键点需要重视。一是要发挥社会组织内基层党组织的政治作用，明确其职能。社会组织内的基层党组织应充分发挥政治作用。一方面，确保社会组织发展目标与党和国家的发展目标保持一致，以实现对社会和人民的有效服务。党组织应指导社会组织制定明确的发展规划和目标，促进社会组织在经济、文化、社会等领域的全面发展。另一方面，平衡社会组织中各方利益，及时化解社会组织发展中的风险[1]。它应倾听社会组织成员的意见和建议，化解成员之间的矛盾和纠纷，确保社会组织的稳定运行和良好发展。基层党组织在社会组织中扮演着调和者和协调者的角色，通过有效沟通和协商，维护社会组织内部的和谐与团结。通过基层党组织的领导，社会组织能够更好地履行职责，避免偏离发展轨道，增强组织的凝聚力和战斗力，为党和国家的事业做出积极贡献。二是发挥监督作用，基层党组织在社会组织中具有监督职能，旨在推动社会组织依法履行服务职责。依法治理是社会治理的基本原则，陕南、河西脱贫山区的社会组织应该率先遵守国家法律法规，在依法开展社会服务方面发挥模范作用。基层党组织在社会组织中充当监督

---

① 郁建兴，沈永东.调适性合作：十八大以来中国政府与社会组织关系的策略性变革 [J]. 政治学研究，2017，134（03）：34-41+126.

者的角色，扮演确保社会组织合法经营的"门卫"，监督并督促社会组织遵守法律，成为依法治理的典范。基层党组织应监督所在社会组织按照法律规定和法定服务范围，合法开展社会公共服务。三是发挥引领作用，引导社会组织主动维护社会公共利益。社会组织的发展目标在于服务社会，提升整个社会的福祉。由于社会公共利益随着社会的发展不断变化，因此法律保障通常滞后于社会公共利益诉求。在社会公共利益的一些盲区、漏洞和短板方面，需要社会的关注和社会群体的共同维护。基层党组织应引导社会组织主动维护社会公共利益，推动解决法律保护不完善的问题，通过合作与协调，确保社会组织为保障社会公众的利益提供有效服务。总之，推进陕南、河西脱贫山区社会组织的依法治理，需要发挥社会组织内基层党组织的政治作用，明确其职能，并加强法治意识，确保社会组织依法运行。这将有助于促进社会组织的健康发展，为脱贫山区提供更加有效和可持续的社会服务。

第三节　社会组织发展提升路径

社会组织在乡村振兴中发挥着不可替代的作用。目前来看，陕南、河西社会组织发展并不完善，如何使当地社会组织发展更加独立、自治，具有鲜明的社会属性，遵循社会发展目标，是社会组织今后发展的主要方面。要以提供公共服务为宗旨，密切联系群众，构建政府负责、民主协商、社会协同、公众参与的社会组织社会协同治理格局。

一　完善社会组织共同治理的民主协商

政府是社会组织共同治理的重要主体，应当重点从主体责任、机制建设、公众引导、财政支持和管理服务等方面出发，划分出不同层级政府间、政府和其他治理主体间的治理责任。同时，为了有效发挥社会组织的作用和提升效能，各主体之间需要建立民主协商机制，实现社会组织各治理主体的有效整合和协调，推动社会组织发挥更大的作用。各主体间必须形成一定的民主协商制度，形成合力，有效提升社会组织作用与效能。在政府发挥效能方面，一方面，要加强政府对社会组织的认识，明确其在共同治理中的必要性和重要性。各级政府应制定明确的制度，确保领导干部积极承担社会组织治理方面的职责，认真履行职责，为共同治理贡献力量。这是构建社会组织共同治理格局的基础。另一方面，政府还需明确自身的角色，认识到自己在社会组织治理中的服务职能。政府应将服务社会组织治理作为一项重要职责，积极为社会组织提供支持和服务。政府部门应建立健全服务机制，提供必要的资源和政策支持，促进社会组织的发展和提升其治理能力。调查中发现，在陕南与河西地区，虽然一些社会组织在治理方面进行了一些民主化和协商化的尝试，但大多数情况下仍停留在形式上。协商过程中更注重讨论问题而不是做出决策，缺乏实质性的结果和行动，由政府主导的特点突出，其他社会主体缺少决策的参与权[①]，特别是河西地区，社会组织发展只停留于表面。因此，为了推动社会组织治理的民主化和协商化，需要通过制度化的方式赋予社会组织和其他主体更多的权利。这意味着扩大民主协商的范围和空间，增强社会组织治理主体的自主性，同时确保各类主体和公众能够参与治理决策。例如，制定完善的法律和制度，明确公众参与社会组织公共决策的权利和程序。这包括建立健全的公众参与机制，确保公众能够有序、有声地参与到社会组织的管理和决策过程中。将协商程序纳入社会组织共同治理的制度体系，确保协商在决策过程中具有合法性和约束力。这需要建立健全协商机制，促进各方之间的平等对话和协商，以达成共识和解决问题。

二 促进社会组织效能提升的社会协同

为了提升社会组织的效能，各治理主体需要在协同合作和相互配合的过程中形成社会合力，以最小的资源投入获得最佳的效果，从而实现协同效应的最大化。为了实现这一目标，需要建立一套整合协调的制度，以确保各主体在社会组织效能提升中发挥协同作用。具体而言，应该在充分了解彼此、

---

① 刘义强 . 构建以社会自治功能为导向的农村社会组织机制 [J]. 东南学术，2009，209（01）：79-85.

明确定位、相互信任和有效沟通的基础上，由政府或权威机构进行统筹规划，明确不同治理主体的基本功能，并进行选择、均衡、配置和协调，明确各主体的治理范围。同时，需要建立紧密联系、相互渗透和交叉互补的沟通协同机制，确保各主体之间的密切合作和无缝对接。此外，为了保障各主体之间的沟通、协调和合作，需要建立起主体间信息交流制度，明确信息交流的主体、内容、时限、渠道、平台、使用和保密限制等事项。这样，各治理主体之间的信息才能够快速流动，并得到有效分析和利用，从而促进各主体之间的相互信任和有机协作，实现社会组织效能提升。通过建立这些制度，可以实现各主体之间的协同合作，推动社会组织效能的提升，使整个社会组织系统的功能得到最大程度的发挥。这样，社会组织在服务社会、提升整体福祉方面将发挥更加积极和有效的作用。

三　推动社会组织效能提升的社会监督

为了促进社会组织的健康发展，社会监督被视为一种有效措施。社会监督主要包括公民监督、新闻舆论监督和第三方评估机构监督等内容。首先是公民监督。社会组织依靠社会捐助等公共资源，具有公共性质，因此公众对其使用情况进行监督是现代法治观念和公民意识的体现。在现实生活中，存在一些社会组织滥用公共资源、欺骗公众甚至违法犯罪的现象。因此，提高公民的监督意识，倡导慈善监督文化，变得非常必要。其次是发挥新闻舆论监督。新闻舆论监督主要是指包括群众团体、企事业单位、公民等在内的社会各界通过新闻舆论的压力对社会组织及其从业人员进行监督，推动社会组织提高对自身行为的规范意识，努力维护自己的社会声誉。具体而言，新闻舆论监督可以通过两个方面进行。首先，新闻舆论监督可以注重对现代社会组织的正面宣传。通过传播公益慈善、公共情怀等正面信息，将社会组织所承担的社会责任和积极贡献传递给社会大众。这有助于引导公众对社会组织的支持和认同，促进社会组织发展并增强其影响力。其次，新闻舆论监督也可以通过揭露社会组织的不当行为来实施。通过传递真相，将社会组织的不当之举公之于众，保障公众的知情权。这有助于唤起公众对社会组织的关注和批评，团结广大人民的力量，督促社会组织正确履行社会职责，推动其改进和规范。因此，应当鼓励和引导新闻媒体关注社会组织的发展和行为，并充分保障新闻媒体的采访权、调查权以及发布真相的权利。这样可以促进社会组织采取负责任的行为，同时提高社会组织的公信力，为社会组织的健康发展提供有力支持。最后，发挥第三方评估机构监督作用。许多发达国家采用第三方评估机构来监督社会组织，以此促进其发展已经成为常见做法。然而，目前我国的第三方评估机构相对较少，我们应该想办法积极支持其发展，通过制度建设和法律法规制定来确保机构工作人员的中立性。这意味着评估机构的工作人员不能是政府部门人员，也不能是社会组织成员。他们应该具备监督社会组织所需的专业知识和技能，同时不能与社会组织和政府有任何利益上的联系。

第四节　社会组织文化提升路径

文化具有一种独特的双重属性，它既可以作为现行政治体系的延续和支撑，同时也有可能对政治制度的实施和政治生活的变革产生一定的阻碍或制约。因此，要使陕南、河西地区的社会组织在乡村振兴中发挥更重要的作用，需要进行文化上的整合，使其更好地与当地社区和居民进行互动，形成共同的发展目标和愿景[①]。

一　培育自治、参与能力，鼓励民众社团生活方式

强调人民当家，倡导公民积极参与集体和国家的公共生活是十分重要的。在传播社会主义核心价值观的基础上，我们还应积极培育公民的自治能力和参与意识，引导人民以社团生活方式有序参与公共生活，鼓励人民自主管理和决策，让他们成为集体和国家事务的决策参与者。这是公民发扬自强精神，

---

① 李金龙，王昶.公民公共精神培育的有效建构——基于人性的分析 [J]. 东北大学学报（社会科学版），2013，15（02）：160-164.

依靠自身力量解决公共生活的难题与有所担当的表现。社会主义市场经济体制建立以来，国家鼓励社会公民有序参与公民生活，并将权力下放至地方，但由于我国制度、文化惯性和公民意识特点，对于那些缺乏足够自治能力和自治经验的公民来说，他们可能在积极参与公共生活方面感到犹豫和无所适从，难以发挥更大的作用。这种现象的存在一方面是因为大部分公民缺乏必要的自治训练和公共参与的技能，另一方面是因为部分公民的公共精神不够强烈，缺乏自主意识和高度的法律意识。这种现象在中西部地区更甚。为了解决这些问题，我们需要加快推进社会主义民主政治制度化、规范化和程序化，以便在各个层面和领域扩大公民有序参与，并实现国家各项工作的法治化。为此，我们需要加强公民意识教育，鼓励民众参与社团生活，并采取措施拓宽公民参与的途径，完善公民参与的法律保障，消除公民参与的各种障碍，以提高公民参与公共生活的自治和自主能力，发挥公民在国家建设和社会发展中的积极作用，推动社会的进步和繁荣。

二　倡导公共、合作意识，培养公民团结互助的社会能力

公共意识是指个体在公共生活中对共同生活和行为准则的主观认同，并通过客观行动的遵守和执行来体现。它反映了个体对超越个人利益的公共事务和现象的关注，并表达了个体对个人与社会密切联系和相互依存关系的深刻理解。公共意识与合作意识密不可分，相互影响。实践证明，现代社会组织的兴起反过来可以进一步培养和强化公民的合作和团结互助意识。现代社会组织的建立是公民个体自愿合作和平等协商的结果。通过平等参与的过程，社会组织能够反映本群体的权益诉求，进行行业或群体的自我管理和服务，实现共同的目标。在现代社会，政府对社会公共事务的管理更具科学性和民主性，同时国家也将更多的公共事务下放给社会自主管理。这为公民提供了更多自主管理的机会，有利于不断增强团结互助的社会能力。公共意识的培养需要通过教育和宣传等途径进行。教育系统可以加强公民教育，使公民了解和认同共同的价值观和行为准则，培养公共意识和合作意识。同时，社会宣传可以引导公众关注公共事务，加强对社会组织的认知和理解，推动公众

参与公共生活。综上，我们应该大力倡导公共意识、合作意识，通过培养公民团结互助的社会能力，实现现代社会组织的发展壮大，进而促进其功能的发挥[①]。

三 宣传公益、志愿精神，引导公民自觉投身公益事业

公益意味着关注社会福祉，为他人和社会提供帮助和服务，志愿精神则强调主动参与、无私奉献和自愿付出，为社会公益事业贡献力量，二者都是时代精神和中华民族传统美德的体现。时代精神，作为特定历史条件下社会发展的精神风貌与人民精神特质的集中体现，展现了民族特质与时代潮流的深度融合，包含了思想观念、行为方式、价值取向等多方面的内容。时代精神是激励一个民族奋发图强、振兴祖国的强大精神动力，随着时代的推移而不断发展变化，体现了时代性与历史性的统一[②]。而公益和志愿精神在当代社会表达了现代公民对社会发展和时代进步的支持和渴望，彰显了他们对公共生活的热爱和追求。这种精神反映了社会文明发展的必然趋势，因此成为时代精神的重要组成部分。在我们悠久的传统文化中，美德教育一直强调奉献精神，提倡乐于助人，重视重义轻利，关注扶贫济困意识。我们崇尚先义后利的价值观，倡导仗义疏财，将乐善好施作为实现个人价值的方式。由此可见，公益和志愿精神既体现了时代精神，又彰显了中华民族传统美德。目前，关键在于加强有助于发扬公益和志愿精神的制度建设，引导公民自觉地投身于公益事业。通过积极的公益和志愿精神宣传以及必要的制度机制，我们可以逐步发展和繁荣良好的公益社会文化，从而促进现代社会组织发挥思想政治教育功能。政府和社会组织应该共同努力，提供更多的机会和平台，激发公民的参与热情，培养他们的公益意识和志愿精神。同时，要加强对公益组织的支持和监督，确保公益事业的透明、规范运作，增强公众对公益组织的信任。

① 张建红.现代社会组织的思想政治教育功能及其发挥研究[D].华中师范大学，2018.
② 陈乙华，曹劲松.新时代精神富裕的内涵与实践要义[J].学海，2022（04）：5-12+52.

参考文献

白惠涛. 西武客专引入商洛地区客运站方案研究 [J]. 科技创新与应用，2015，116（04）.

蔡科云. 论政府与社会组织的合作扶贫及法律治理 [J]. 国家行政学院学报，2013（02）.

蔡斯敏. 乡村治理变迁下的农村社会组织 [J]. 西北农林科技大学学报（社会科学版），2012，12（05）.

陈健，吴惠芳. 贫困治理社会化：路径转向、类型划分与嵌入式设计 [J]. 中国农业大学学报（社会科学版），2020，37（05）.

陈江虹. 农村专业经济协会在乡村治理中的作用探析 [J]. 理论导刊，2007（07）.

陈良敏，丁士军，陈玉萍. 农户家庭生计策略变动及其影响因素研究——基于 CFPS 微观数据 [J]. 财经论丛，2020（3）.

陈乙华，曹劲松. 新时代精神富裕的内涵与实践要义 [J]. 学海，2022（04）.

成克惠. 社会组织参与农村精准扶贫的法律依据与治理研究 [J]. 农业经济，2019（01）.

程同顺. 社会主义民主政治建设的新突破——村民自治对中国政治发展的深远影响 [J]. 中共天津市委党校学报，2002（01）.

程琰. 协同治理下多元治理主体的组织法研究 [D]. 西南政法大学，2020.

褚庆宜，赵晓峰. 组织场域视角下党组织引领社区治理共同体建设的实践逻辑——以苏南永联村为例 [J]. 南京农业大学学报（社会科学版），2023，23（01）.

邓大才.社会化小农：动机与行为 [J].华中师范大学学报（人文社会科学版），2006（03）.

邓大松，杨晶，孙飞.收入流动、社会资本与农村居民收入不平等——来自中国家庭追踪调查（CFPS）的证据 [J].武汉大学学报（哲学社会科学版），2020，73（03）.

丁志刚，王杰.中国乡村治理 70 年：历史演进与逻辑理路 [J].中国农村观察，2019（04）.

董海宾，李平，侯向阳.牧户生计风险应对策略对生计资本的响应研究——以内蒙古为例 [J].中国草地学报，2019，41（6）.

董晓林，熊健.市场化进程中社会网络对农户生计多样化的影响 [J].华中农业大学学报（社会科学版），2019（05）.

杜朋举.陕西动员社会组织积极助力乡村振兴 [N].陕西日报，2021-08-03（004）.

段小虎，杨金印，梁增奎，闫小斌，许振宇.老城区公共文化供给改革新探索：铜川市王益区光明社区"一心多点"服务模式 [J].图书馆论坛，2018，38（06）.

方劲.合作博弈：乡村贫困治理中政府与社会组织的互动关系——基于社会互构论的阐释 [J].华中农业大学学报（社会科学版），2018（03）.

高雪莲.发展合作经济组织 完善农村经济体制——对武威市农村合作经济组织发展情况的调查与思考 [J].甘肃农业，2003（11）.

龚志伟.乡村振兴视阈下社会组织参与公共服务研究 [J].广西社会科学，2020（04）.

谷中原.乡村振兴背景下的农村持续发展型社会组织建设 [J].湖湘论坛，2020，33（01）.

关兴.当前我国农村社会组织的政治功能探析：治理的视角 [J].四川行政学院学报，2007（05）.

郭彩云.农村民间组织与乡村治理研究 [D].中央民族大学，2012.

郭倩，廖和平，王子羿，刘愿理，李涛.秦巴山区村域稳定脱贫测度及返贫防控风险识别——以重庆市城口县为例 [J]. 地理科学进展，2021，40（02）.

郭志强 . 发展合作经济组织　完善农村经济体制——武威市农民合作经济组织发展情况的调查与思考 [J]. 甘肃农业，2006（03）.

何明，方坤 . 组织再造与文化接续：后脱贫时代社会工作介入民族地区乡村振兴的实现路径研究——以广西上林县壮族 F 村为例 [J]. 贵州民族研究，2020，41（11）.

贺琼 . 青年社会组织参与社会治理研究 [D]. 西北大学，2015.

衡元元 . 社会组织嵌入农村互助养老研究 [D]. 吉林大学，2022.

侯保疆 . 论新农村建设中的农村社区合作组织建设 [J]. 岭南学刊，2008（03）.

胡海华 . 社会网络强弱关系对农业技术扩散的影响——从个体到系统的视角 [J]. 华中农业大学学报（社会科学版），2016（05）.

胡江霞，文传浩 . 社会网络、风险识别能力与农村移民可持续生计——基于代际差异视角 [J]. 技术经济，2017，36（04）.

胡那苏图，崔月琴 . 组织化振兴：农村社会组织参与乡村治理路径分析——以内蒙古东部脱贫县 A 镇三村为例 [J]. 理论月刊，2020（05）.

胡平江，刘思 ."分"与"合"：集体行动视角下社会组织的有效规模研究——基于广东省龙川县山池村谢氏宗族的田野调查 [J]. 南京农业大学学报（社会科学版），2018，18（05）.

黄辉祥 . 村民自治的生长：国家建构与社会发育 [D]. 华中师范大学，2007.

黄佳民，张照新 . 农民专业合作社在乡村治理体系中的定位与实践角色 [J]. 中国农业资源与区划，2019，40（04）.

黄建 . 论精准扶贫中的社会组织参与 [J]. 学术界，2017（08）.

黄娟，李阳兵，徐倩等 . 可持续生计框架下黔中岩溶山区农户生计资产差异研究——以后寨河流域为例 [J]. 干旱区资源与环境，2020，34（4）.

黄军 . 社会组织参与乡村文化建设：价值意涵与逻辑进路 [J]. 兴义民族师范学院学报，2021，134（04）.

黄开腾 . 国外社会组织扶贫：历史演变、实践经验及其政策启示 [J]. 贵州师范大学学报（社会科学版），2021（01）.

黄林，卫兴华.新形势下社会组织参与精准扶贫的理论与实践研究 [J].经济问题，2017（09）.

黄瑞芹.中国贫困地区农村居民社会网络资本——基于三个贫困县的农户调查 [J].中国农村观察，2009（01）.

贾琼.培育专业合作经济组织 推动农村市场经济发展——甘肃省酒泉市、张掖市农村专业合作经济组织调查报告 [J].发展，2004（02）.

蒋霞，郑伟波，郭宏樟.少数民族传统社会组织与村政组织在社会主义新农村建设中的和谐模式探讨——以桂北苗族村寨为例 [J].广西民族研究，2011（03）.

靳永薵，丁照攀.贫困地区多元协同扶贫机制构建及实现路径研究——基于社会资本的理论视角 [J].探索，2016（06）.

孔令华.陕南地方政府治理创新研究 [D].长安大学，2018.

匡远配，汪三贵.中国民间组织参与扶贫开发：比较优势及发展方向 [J].岭南学刊，2010，226（03）.

蓝菁，李秋明.农地流转的社会乘数效应——对乡村治理之困与农民参与的分析 [J].华中师范大学学报（人文社会科学版），2021，60（06）.

蓝菁，盛君，余奕宁等.退耕还林背景下农户收入的社会网络效应分析——以四川南江县白滩村为例 [J].中国土地科学，2017，31（03）.

李峰.由分散到整体：中国社会组织治理模式改革研究 [D].吉林大学，2022.

李光勤，金玉萍，何仁伟.基于社会网络分析的 ICT 出口贸易网络结构特征及影响因素 [J].地理科学，2022，42（03）.

李健，郭薇.资源依赖、政治嵌入与能力建设——理解社会组织党建的微观视角 [J].探索，2017（05）.

李金龙，王昶.公民公共精神培育的有效建构——基于人性的分析 [J].东北大学学报（社会科学版），2013，15（02）.

李南枢，何荣山.社会组织嵌入韧性乡村建设的逻辑与路径 [J].中国农村观察，2022（02）.

李契，朱金兆，朱清科.生态位理论及其测度研究进展 [J].北京林业大学学报，

2003，25（1）.

李任秋.乡村振兴背景下农村社会组织协同发展的动力、障碍与策略 [J].农村
经济与科技，2022，33（04）.

李坦，陈敏，王欣.生计资本、环境风险感知对农户厨余垃圾治理支付意愿的
影响 [J].农林经济管理学报，2020，19（5）.

李应博.中国社会中介组织研究 [M].中国人民大学出版社，2018.

李志强，王庆华."结构—功能"互适性理论：转型农村创新社会管理研究新
解释框架——基于农村社会组织的维度 [J].南京农业大学学报（社会科学
版），2014，14（05）.

梁巧，吴闻，刘敏，卢海阳.社会资本对农民合作社社员参与行为及绩效的影
响 [J].农业经济问题，2014，35（11）.

廖林燕.乡村振兴进程中"直过"民族传统社会组织的创造性转化研究 [J].西
南民族大学学报（人文社科版），2018，39（10）.

凌国顺，夏静.返贫成因和反贫困对策探析 [J].云南社会科学，1999（5）.

刘春芳，刘宥延，王川.黄土丘陵区贫困农户生计资本空间特征及影响因
素——以甘肃省榆中县为例 [J].经济地理，2017，37（12）.

刘俊，张恒锦，金朦朦等.旅游地农户生计资本评估与生计策略选择——以海
螺沟景区为例 [J].自然资源学报，2019，34（08）.

刘璐.后扶贫时代乡村文化振兴实现机制研究——以陕西安康为例 [J].新西部，
2020，509（10）.

刘明月，冯晓龙，冷淦潇，仇焕广.从产业扶贫到产业兴旺：制约因素与模式
选择 [J].农业经济问题，2021（10）.

刘妮娜.中国农村互助型社会养老的定位、模式与进路 [J].云南民族大学学报
（哲学社会科学版），2020，37（03）.

刘向东，常俊.武威市：探索如何做好社会组织监管工作 [J].中国社会组织，
2015（13）.

刘耀东.农村社区服务类社会组织参与精准扶贫的理据、困境及推进策略 [J].
学术研究，2020（04）.

刘义强.构建以社会自治功能为导向的农村社会组织机制 [J].东南学术，
　　2009，209（01）.

刘铮，魏传成.推进乡村全面振兴的重点、难点及对策 [J].经济纵横，2021
　　（10）.

龙子泉，徐一鸣，周玉琴等.社会资本视角下小型农田水利设施管护效果——
　　湖北省当阳市两个农民用水户协会案例研究 [J].中国农村观察，2018（2）.

马光荣，杨恩艳.社会网络、非正规金融与创业 [J].经济研究，2011（3）.

马桂琴，王小明，王勤礼.河西欠发达地区农村专业合作经济组织发展现状与
　　对策 [J].中国农学通报，2006（06）.

马丽娜.农村专业合作经济组织助推乡村社会善治 [J].人民论坛，2017（09）.

马绍东，万仁泽.多维贫困视角下民族地区返贫成因及对策研究 [J].贵州民族
　　研究，2018，39（11）.

毛佩瑾，徐正，邓国胜.不同类型社区社会组织对社会资本形成的影响 [J].城
　　市问题，2017（04）.

梅瑞江.农村经济组织在农村社会养老保障中的地位研究 [J].河南大学学报
　　（社会科学版），2009，49（05）

聂应德，张旭.社会组织参与农村公共服务供给与社会活力提升路径 [J].广州
　　大学学报（社会科学版），2016，15（09）.

欧三任.政治安全视阈中的农村社会组织发展与规范 [J].甘肃理论学刊，2010
　　（02）.

潘秀珍，周济南.集中连片特困地区精准脱贫长效机制构建研究 [J].广西社会
　　科学，2018（11）.

彭小兵，谭志恒.组织动员、资源内生和市场对接：贫困社区内源发展路
　　径——基于云南省 L 中心的考察 [J].中国行政管理，2018（06）.

彭正波，王凡凡.民族村寨旅游开发中的农村社会组织发展研究——以西江千
　　户苗寨"老人会"为例 [J].旅游学刊，2018，33（12）.

祁新华.基于生态位理论的旅游可持续发展策略 [J].生态经济，2005（8）.

钱宁，陈世海.滇西佤族社会治理中的农村社会组织研究——以沧源县 A 协会

为个案 [J]. 中央民族大学学报（哲学社会科学版），2019，46（02）.

乔小梅.陕西省社会组织参与精准扶贫的行动研究 [D]. 西北大学，2018.

秦俭.农村独居老人养老困境及其化解之道——以社会支持网络理论为分析视角 [J]. 湖南社会科学，2013（03）.

秦毅.陕西安康："艺养天年"文化养老 乡村振兴歌声嘹亮 [N]. 中国文化报，2022-04-18（004）.

任延龄.农村合作基金会非法从事金融业务活动的问题亟待解决 [J]. 甘肃金融，1998（07）.

尚海洋，樊姣姣.农村社会组织提升社会资本及应对生计风险的作用研究 [J]. 资源开发与市场，2022，38（10）.

尚海洋，宋妮妮.返贫风险、生计抵御力与规避策略实践——祁连山国家级自然保护区内 8 县的调查与分析 [J]. 干旱区地理，2021，44（06）.

尚海洋，胡玥.脱贫山区农村社会组织发展现状、问题及对策 [J]. 资源开发与市场，2024，40（03）.

邵秋虎.社会组织参与居家养老服务的协同度评价、优化及提升研究 [D]. 东南大学，2021.

邵雅静，员学锋，杨悦等.黄土丘陵区农户生计资本对农业生产效率的影响研究——基于 1314 份农户调查样本数据 [J]. 干旱区资源与环境，2020，34（7）.

斯丽娟.家庭教育支出降低了农户的贫困脆弱性吗？——基于 CFPS 微观数据的实证分析 [J]. 财经研究 2019，45（11）.

苏芳，尚海洋.农户生计资本对其风险应对策略的影响——以黑河流域张掖市为例 [J]. 中国农村经济，2012（08）.

苏芳，宋妮妮，薛冰.后脱贫时期可持续生计研究展望 [J]. 地球环境报，2021，12（05）.

苏芳，田欣，郑亚萍.生计风险对农户应对策略的影响分析 [J]. 中国农业大学学报，2018，23（10）.

苏芳，徐中民，尚海洋.可持续生计分析研究综述 [J]. 地球科学进展，2009，

24（1）.

苏芳，殷娅娟，尚海洋.甘肃石羊河流域农户生计风险感知影响因素分析 [J].
经济地理，2019，39（06）.

苏海.社会组织参与农村贫困治理中的结构调适与关系互动 [D].华中师范大学，2015.

孙兰英，陈艺丹.信任型社会资本对社会组织发展影响机制研究 [J].天津大学学报（社会科学版），2014，16（04）.

唐超，罗明忠.贫困地区电商扶贫模式的特点及制度约束——来自安徽砀山县的例证 [J].西北农林科技大学学报（社会科学版），2019，19（04）.

唐健，彭钢.农村社会化养老善治的路径重构——基于利益相关者理论的分析 [J].农村经济，2019（08）.

万伦来.企业生态位及其评价方法研究 [J].中国软科学，2004（1）.

王长寿.中国农村非营利组织发展研究 [D].西北农林科技大学，2003.

王春萍，郑烨.21世纪以来中国产业扶贫研究脉络与主题谱系 [J].中国人口·资源与环境，2017，27（6）.

王福成，马素洁.浅析中国耕地和人口变化对小农经济转型升级的影响 [J].农村经济与科技，2020，31（11）.

王怀勇，邓若翰.后脱贫时代社会参与扶贫的法律激励机制 [J].西北农林科技大学学报（社会科学版），2020，20（04）.

王辉.韧性生存：多重逻辑下农村社会组织的行动策略——基于农村老年协会个案 [J].南京社会科学，2021（09）.

王京辉.农村金融风险现状及防控 [J].河北金融，2017，481（09）.

王君涵，李文，冷溢潇，仇焕广.易地扶贫搬迁对贫困户生计资本和生计策略的影响——基于8省16县的3期微观数据分析 [J].中国人口·资源与环境，2020，30（10）.

王梦晗，苏明明.中国省际居民生计资本的网络结构及影响因素 [J].经济地理，2022，42（05）.

王名，王春婷.推位让治：社会组织参与社会治理路径 [J].开放导报，2014

（05）.

王名.中国社会组织管理体制改革：理论研究和实践发展[J].第一资源，2013
（06）.

王荣.社会网络对农户生计的影响研究[D].兰州大学，2020.

王曙光，王琼慧.论社会网络扶贫：内涵、理论基础与实践模式[J].农村经济，
2018（01）.

王温鑫，金晓斌，杨晓艳等.基于社会网络视角的土地整治重大项目实施风险
识别与评价方法[J].资源科学，2018，40（06）.

王雪琪，朱高立，邹伟.农户生计资本、家庭要素流动与农地流转参与[J].长
江流域资源与环境，2021，30（4）.

王杨.社会组织参与精准扶贫的制度化逻辑——基于制度—关系—行为框架
[J].宏观经济研究，2018（12）.

王英华，谭徐明.透视河西走廊"猪野泽"看石羊河水系之变迁[J].中国三峡
建设，2007，126（06）.

王颖.扁平化社会治理：社区自治组织与社会协同服务[J].河北学刊，2014，
34（05）.

王永静，胡露月.乡村旅游视角下农户生计资本对生计策略影响研究——基于
重庆乡村旅游地农户调查数据[J].生态经济，2020，36（3）.

王瑜，汪三贵.互联网促进普惠发展的基本经验：成本分担与多层面赋能[J].
贵州社会科学，2020（11）.

温美荣.社会资本视域下农民专业合作社发展问题研究[J].行政论坛，2012，
19（05）.

温铁军，杨帅.中国农村社会结构变化背景下的乡村治理与农村发展[J].理论
探讨，2012（06）.

巫锡炜，刀玮皓.中国各民族族际通婚的结构特征：基于社会网络分析的考察
[J].人口研究，2022，46（02）.

吴孔森，杨新军，尹莎.环境变化影响下农户生计选择与可持续性研究——以
民勤绿洲社区为例[J].经济地理，2016，36（09）.

吴莹.社区社会资本与民族地区的基层治理效能研究[J].中央民族大学学报（哲学社会科学版），2022，49（02）.

伍若梅，孔悦凡.共词分析与共引分析方法比较研究[J].情报资料工作，2010（1）.

萧子扬.社会组织参与乡村振兴的现状、经验及路径研究——以一个西部留守型村庄为例[J].四川轻化工大学学报（社会科学版），2020，35（01）.

邢忠.优化社会生态位——适应时代发展的城市规划理念探析[J].重庆建筑大学学报（社科版），2001（1）.

熊艳兵.我国当代乡村社会组织发展研究[D].中共中央党校，2020.

徐顽强，李敏.公益组织嵌入精准扶贫行动的生态网络构建[J].西北农林科技大学学报（社会科学版），2019，19（03）.

徐顽强，于周旭，徐新盛.社会组织参与乡村文化振兴：价值、困境及对策[J].行政管理改革，2019（01）.

徐章星，张兵，刘丹.市场化进程中社会网络对农地流转的影响研究[J].南京农业大学学报（社会科学版），2020，20（6）.

许登奎，翟同宪.发展农村合作经济组织的问题与对策——以甘肃省张掖市为例[J].山东省农业管理干部学院学报，2006（04）.

鄢军.中国农村组织的经济分析[D].华中科技大学，2005.

阎占定.新型农民合作经济组织乡村社会建设参与分析[J].理论月刊，2014（08）.

阳旭东.西部民族地区农村养老服务的行为逻辑与实践探索——基于贵州黔东南M村养老院的个案研究[J].青海民族研究，2019，30（01）.

杨琨，刘鹏飞.欠发达地区失地农民可持续生计影响因素分析——以兰州安宁区为例[J].水土保持研究，2020，27（04）.

杨慷.乡村振兴视域下西南民族地区农村社会组织发展现状与优化对策[J].经济研究导刊，2021，482（24）.

姚礼堂，张学斌，周亮等."山地-绿洲-荒漠"复合系统土地利用变化的生态系统服务权衡与协同效应——以张掖市为例[J].生态学报，2022，42

（20）.

姚兆余.农村社会养老服务：模式、机制与发展路径——基于江苏地区的调查
　　[J].甘肃社会科学，2014（01）.

尤庆国，林万龙.农村专业合作经济组织的运行机制分析与政策影响评价 [J].
　　农业经济问题，2005（09）.

于健慧，王绘.社会转型中农村社会组织文化建设探析——以农村专业经济协
　　会为例 [J].行政论坛，2014，21（06）.

俞福丽，蒋乃华.健康对农民种植业收入的影响研究——基于中国健康与营养
　　调查数据的实证研究 [J].农业经济问题，2015，36（04）.

虞志红.捐赠网络对社会组织发展的影响及其作用机制 [D].浙江大学，2021.

郁建兴，沈永东.调适性合作：十八大以来中国政府与社会组织关系的策略性
　　变革 [J].政治学研究，2017，134（03）.

袁利平.后扶贫时代教育贫困治理的价值逻辑、行动框架与路径选择 [J].深圳
　　大学学报（人文社会科学版），2021，38（01）.

岳佐华.制度创新与制度环境应协同演进——汉中市农村专业合作组织的调查
　　与思考 [J].农村经济与科技，2007，173（03）.

张春敏，张领.民族地区农民再组织与乡村社会有效治理——基于黔东 Y 自
　　治县乡贤参事会建设为例 [J].云南民族大学学报（哲学社会科学版），
　　2019，36（01）.

张锋.农村社会组织参与农村社区治理的利益机制与制度建构 [J].学习与实践，
　　2020（08）.

张桂敏，王轲，吴湘玲.社会组织参与农村养老服务的行为逻辑——基于行
　　动情境模型的解释 [J].安徽师范大学学报（人文社会科学版），2022，50
　　（02）.

张建红.现代社会组织的思想政治教育功能及其发挥研究 [D].华中师范大学，
　　2018.

张丽丽，左侠.当前我国农村民间组织在村庄治理中的作用 [J].理论观察，
　　2009，59（05）.

张露露. 精准扶贫中的精神脱贫——"八星励志"的耀州实践模式 [J]. 西北农林科技大学学报（社会科学版），2019，19（03）.

张舜禹，郁建兴，朱心怡. 政府与社会组织合作治理的形成机制——一个组织间构建共识性认知的分析框架 [J]. 浙江大学学报（人文社会科学版），2022，52（01）.

张硕，乔晗，张迎晨，李卓伦. 农村电商助力扶贫与乡村振兴的研究现状及展望 [J]. 管理学报，2022，19（04）.

张巍. 汉中社会组织建功脱贫攻坚 [J]. 中国社会组织，2019（07）.

张文宏，阮丹青，潘允康. 天津农村居民的社会网 [J]. 社会学研究，1999（02）.

张照新，吴天龙. 培育社会组织推进"以农民为中心"的乡村振兴战略 [J]. 经济纵横，2019（01）.

张振，徐雪高，吴比. 新常态下农户家庭社会关系网络的收入效应研究——基于 CHARLS 数据的实证分析 [J]. 经济问题，2016（06）.

章晓乐，任嘉威. 治理共同体视域下社会组织参与农村社会治理的困境和出路 [J]. 南京社会科学，2021（10）.

赵泉民. 合作社组织嵌入与乡村社会治理结构转型 [J]. 社会科学，2015（03）.

赵蓉英，许丽敏. 文献计量学发展演进与研究前沿的知识图谱探析 [J]. 中国图书馆学报，2010，36（05）.

赵雪雁，刘春芳，严江平. 高寒生态脆弱区农户的社会网络及其风险分担效果——以甘南高原为例 [J]. 农业经济问题，2016，37（06）.

钟宜. 我国农村社会组织发展与乡村治理方式的变革和完善 [J]. 探索，2005（06）.

周鸿德. 张掖市青少年社会音乐教育机构概况综述 [J]. 音乐大观，2014（05）.

周晶. 农村社会组织参与贫困治理的自主性研究 [D]. 华中师范大学，2017.

周萍，闵惜琳，蔺楠. 加入行业协会有益于农民创业吗？——基于上海财经大学"千村调查"的证据 [J]. 科学决策，2021（11）.

朱光磊，王雪丽，宋林霖. 中国政府发展研究报告 [M]. 中国人民大学出版社，2017.

朱建军，胡继连，安康等.农地转出户的生计策略选择研究——基于中国家庭追踪调查（CFPS）数据 [J].农业经济问题，2016，37（2）.

朱燕.借鉴与创新：边疆民族地区社会组织发展的路径——以广西 P 市 M 协会及其孵化机构为例 [J].贵州民族研究，2020，41（07）.

朱余斌.社会主义新农村建设视域下的农村非营利组织发展问题研究 [J].农村经济，2013（03）.

Brown T C, Bergstrom J C, Loomis J B. Defining, Valuing, and Providing Ecosystem Goods and Services[J].Nat. Resource. 2007, 47.

Burgess G, Maiese M. Sources of Complexity[J]. Beyond Intractability. 2004.

Chen C, Fidelia I, Hou J. The Structure and Dynamics of Cocitation Clusters: A Mutiple-perspective Co-citation Analysis[J]. Journal of the American Society for Information Science and Technology, 2010, 61（7）.

Chen Chaomei, Song Il-Yeol, Yuan Xiaojun, Zhang Jian. The Thematic and Citation Landscape of Data and Knowledge Engineering（1985–2007）[J]. Data & Knowledge Engineering, 2008, 67（2）.

Glenn L. Understanding the Influence of All Nodes in a Network[J]. Scientific Reports, 2015, 5（1）.

Granovetter M S. The Strength of Weak Ties[J]. American Journal of Sociology, 1973, 78（6）.

Grootaert C.Social Capital, Household Welfare and Poverty in Indonesia[R].In Local Level Institutions Working, Paper, World Bank, 1999（6）.

Hiwatari M. Social Networks and Migration Decisions: The Influence of Peer Effects in Rural Households in Central Asia[J]. Journal of Comparative Economics, 2016, 44（4）.

Huang D Y, Chang X Y, Wang H S. Spatial Autoregression with Repeated Measurements for Social Networks[J]. Communications in Statistics-Theory and Methods, 2018, 47（15）.

Kebebe E, Shibru F. Impact of Alternative Livelihood Interventions on Household

Welfare: Evidence from Rural Ethiopia[J]. Forest Policy and Economics, 2017, 75.

Muhammad Mubashir Ahsan, Cheng Wei, Aqsa Bilal Hussain, Chen Xuefeng, Basit Ali Wajid. Knowledge Mapping of Research Progress in Vertical Greenery Systems (VGS) from 2000 to 2021 Using CiteSpace Based Scientometric Analysis[J]. Energy and Buildings, 2022, 256: 111768.

Perz S, Leite F, Griffin L, Hoelle J, Trans-Boundary Infrastructure and Changes in Rural Livelihood Diversity in the Southwestern Amazon: Resilience and Inequality[J]. Sustainability, 2015, 7 (9).

图书在版编目（CIP）数据

农村社会组织助力稳定脱贫：以陕南与河西为例 /
尚海洋著 . -- 北京：社会科学文献出版社，2025.8.
（新时代法学教育与法学理论文库）. -- ISBN 978-7
-5228-5106-8

Ⅰ.F127.41；F327.41

中国国家版本馆 CIP 数据核字第 2025T6C103 号

· 新时代法学教育与法学理论文库 ·

农村社会组织助力稳定脱贫：以陕南与河西为例

著　　者 / 尚海洋

出 版 人 / 冀祥德
组稿编辑 / 恽　薇
责任编辑 / 胡　楠
责任印制 / 岳　阳

出　　版 / 社会科学文献出版社 · 经济与管理分社（010）59367226
　　　　　　地址：北京市北三环中路甲29号院华龙大厦　邮编：100029
　　　　　　网址：www.ssap.com.cn
发　　行 / 社会科学文献出版社（010）59367028
印　　装 / 三河市龙林印务有限公司

规　　格 / 开　本：787mm×1092mm　1/16
　　　　　　印　张：13.75　字　数：209千字
版　　次 / 2025年8月第1版　2025年8月第1次印刷
书　　号 / ISBN 978-7-5228-5106-8
定　　价 / 98.00元

读者服务电话：4008918866